JN317839

学びとは何か

——〈探究人〉になるために

今井むつみ
Mutsumi Imai

岩波新書
1596

はじめに

私たちは誰もが「学び」ということを、とても大事なことだと思っている。しかし、何が「学び」だと思っているか、ということになると、一人ひとりがそれぞれ違う考えを持っている。それでも多くの人がまず心に思い浮かべるのは、学校での学びではないだろうか。学校で私たちは様々なことを学ぶ。そのとき、「学ぶ」を「教わったことを覚える」と置き換えて考える人も多くいるのではないかと思う。

本書では認知科学の視点から学びについて考えていく。認知科学とは人の心の働きとその背後にあるしくみを理解することを目的とした学問である。人はどのように自分の経験や人から伝えられたこと、教えられたことを理解し、記憶するのか。記憶はどのような形で心の中に蓄えられ、どのように思い出されるのか。そしてなにより、人はどのように思考し、問題を解決し、学習するのだろうか。

認知科学では、「学習」ということばは、一般に使われるよりもずっと幅広い意味で使われる。運動の学習、言語の学習、子どもの数の数え方の学習、数学の学習、物理の学習、チェス・将棋・囲碁などの学習、掃除のしかたの学習、機械の使い方の学習、楽器の演奏の学習、スポーツの学習……。認知科学はあらゆる分野におけるあらゆる種類の学習を研究の対象とするのである。

人は誰もが「自分で学ぶ力」を持っている。そのことをもっともストレートに教えてくれるのが、子どもの母語の学習である。子どもは母語を学習するとき、文法や語彙を親や先生に直接教えてもらうことはない。そもそも言語を知らない子どもに言語を直接教えることは不可能なのだ。子どもは耳に入ってくる一つひとつのことばの意味を自分で推測し、ことばを繋いで文を組み立てる規則(つまり、文法)を自分で見つけ出す。子どもが母語を学習するときに発揮する能力は、まさに「自分で問題を発見し、考え、解決策を自分で見つける」という「学習力」そのものである。「主体的な学び」が教育現場でキーワードになっている昨今、子どもの母語の学習の仕組みを理解することは、「自ら学ぶ力」がどういうものなのかを私たちが考える上で、大きなヒントをくれるはずだ。

子どもは母語を学習するときに驚くほど素晴らしい学習力を発揮するが、すべてのことを同じように苦労なく学べるわけではない。外国語の学習や算数の学習につまずく子どもは(大人も）たくさんいる。子どもは（あるいは大人は）どのようなときに、なぜ、つまずくのか。それを知ることも「学び」を考えるときにとても大事なことだ。

あることを長い間つづけていくと、そのことに習熟し、熟達する。熟達者になると学習を始めたときと比べ、行動が大きく変わる。一般的に「熟達者」というと、スポーツや芸術、技能、将棋や囲碁、外国語など、普通の人はしない（できない）特別な分野での達人のように考えがちだ。しかし、熟達は誰にでも起こる。学習することは熟達に向かう過程なのである。

熟達者は何かをするのに素早く、的確な判断や行動をすることができる。最初はおぼつかなかったことが、意識的に注意を向けなくてもスムーズに素早く正確にできたら、それは立派な熟達の形だ。しかし、熟達の過程はそこで終わりではない。あることが手早く正確に、楽にできるようになるというレベルの熟達の先には、他の人には真似ができない達人のレベルの熟達がある。達人の域に達したと誰もが認める人でも、学びに終わりはない。達人になっても――あるいは達人だからこそ――さらに学びつづける。その過程で誰にも真似できない独自のスタイルを創り出す。

では、熟達するにつれて学習者の心の中で、いったい何が起き、脳はどのように変化するのだろうか。昔は病気の治療をするとき、このような症状の場合はこのような薬を飲めば症状が回復する、という経験則によって治療がなされていた。しかし、病気の原因が明らかになり、病気になるしくみを理解することができれば、より直接的で理にかなった治療が考えられるようになり、病気の予防も可能になる。学びも同じである。学びのしくみを理解することで「よりよい」教育を考えることが可能になる。

学びのしくみを理解するためには、「知識とは何か」という問題を避けて通ることができない。覚えても使えない知識と新しいことを生みだすことができる知識は何が違うのだろうか。すぐに使える「生きた知識」はどのような性質を持ち、脳にどのような形で存在しているのだろうか。どうしたら「生きた知識」を身につけることができるのだろうか。本書ではこれまでの一般的な知識観(「ドネルケバブ・モデル」第6章参照)に代わる、科学のエビデンスに基づいた新たな知識観のもと、学びとは何かという問題を考えていく。

最近、至るところで「問題解決能力」「生きる力」「批判的思考」「主体的な学び(アクティヴ・ラーニング)」ということばが飛び交っている。しかし、これらが具体的にどのようなことを意味し、どのような教育をしたらそれらの力が身につくのかということになると、コンセンサスにはほど遠い。本書はこれらの問題についても考えていきたい。

本書は「最少の努力で効率的にテストの成績を大きくあげるにはどうしたらよいか」という

類の問いに答える本ではない。「よい学び」は学び手の目的によって異なるものである。外国語の学習ひとつをとっても、海外旅行で買い物や道を聞くなど、限られた場面で会話ができるようになりたいという目的のための学びと、仕事で世界の人々と堂々と渡り合えるための能力を身につけるという目的の学びとでは「よい学び」の仕方は自ずと違う。スピード優先で学ぶか、一生をかけて何かを極めるために学ぶか。それによっても「よい学び」の基準は変わる。

「こうすれば頭がよくなる」「こうすれば簡単に効率よく覚えられる」ということをうたった本を見かけるが、この本はそういう目的で書いたものではない。一週間後に控えた試験でよい成績をとるなどの短期的な目的のためには効果的な学習方法も、長い目で見るとむしろ自分で思考し、学習する力を身につける上でマイナスに働くこともよくあることだ。

「よい学び」を実現するためには、まず一人ひとりが自分は何を目的にして学びたいのかを考え、その目的のために最もよい方法は何かを考え、それを実践しつづける「学びの探究人」であってほしい。本書はそのときに役に立つ材料として、人の記憶や思考の仕方、心と脳の中での知識のあり方、新しい知識の獲得の仕方などについて、認知科学で明らかにされてきたことを伝え、そこから「よい学び」を考えていくためのヒントを提供する。材料とヒントを使ってどう料理するか。それは読者一人ひとりの目標によって違ってしかるべきなのである。

誰にでもできる探究

羽生善治

生涯学習という言葉を耳にする機会が増えました。これから「超」がつく高齢化社会に向かって行く日本において、切実かつ現実的な課題であると思っています。また、子どもの教育に関しても無数の長期間の議論が行われ続けています。多かれ少なかれ人々は日々何かを学び続けている訳ですが、意外にもその方法論には無頓着な事も多いのではないでしょうか。

今井むつみ先生の本書では実地と研究に基づいた知に関する深い考察が描かれています。私の事も紹介して頂いて面映ゆい限りですが、どんな異なったジャンルにおいてもエキスパートになるには洗練された学習は不可欠です。また、本書ではそのプロセスにおいて陥りがちな点にも言及されていて、とても実用的な側面もあります。

言語についても深く考えさせられます。なぜ、母国語以外の習得がかくも難しいのか（ごくごく稀に何でもすぐに習得する人もいますが）、その要因が解らなかったのですが、読後に納得をしました。

そして、それは長年にわたって将棋をやってきて感じていた事でもあったのですが、他のゲーム（チェス、囲碁、バックギャモン、中国象棋）をやった時に将棋で培った能力を転換しづらい要因と重なっているのではないかとも思いました。

だからこそ思考や嗜好、発想の死角をなくす努力や固定化しない柔軟性が大切だと考えます。棋士は世間一般では記憶力が良いと思われがちですが、実際はそうでもありません。忘れてしまう事もありますし、なんとなく形は覚えていて手順が思い出せないケースもよくあります。

特に難しいのが似て非なる局面で、ほとんど同じだけれども歩の位置が違う、手番が違うだけで、その局面の評価、考え方、手順が変わってしまうことがあるのです。似て非なる局面が積み重なると記憶にも混乱をきたします。ですので、記憶、考え方、形の認識、カギとなる一手や局面など様々なアプローチで考える事になります。

将棋の世界では「体で覚える将棋」という表現があるのですが、本書のなかにも同様の内容があって、習熟の先にあるものは同じであるとも思いました。孫子の兵法に敵を知り、己を知れば百戦危うからず、という言葉がありますが、究極の学習というのは「自分をきちんと客観的に知る」（メタ認知）と「相手の気持ち、考え方、感情を知る」（思いやり）であると思っています。

どちらも言葉にするのは簡単ですが、実際に行うのは至難の技です。それでも、自分も周囲も快適に暮らして行く上では、日々磨いていく必要のあるスキルであるとも思います。それは、何をやればこんな効果があるというようなダイエット法とは全く違うものでもあるからです。

そして、何か社会的な問題を解決するときにも対処療法はすでに限界が来ていて、根本的な人々の認識、行動に委ねられている気もしています。それは誰にでも出来る探究でもあると感じています。

目次

はじめに
誰にでもできる探究　羽生善治

第1章　記憶と知識……1
1　「記憶力がよい」とはどういうこと？　2
2　知識とは何だろうか？　18

第2章　知識のシステムを創る……37
——子どもの言語の学習から学ぶ
1　できることから始める　40
2　ことばの意味の学び方を学ぶ　44

3　知識のシステムを構築する　51
4　概念の創出　59

第3章　乗り越えなければならない壁……65
——誤ったスキーマの克服
1　赤ちゃんでもわかる物理法則　67
2　誤ったスキーマ　71
3　思い込みの落とし穴　79
4　母語のスキーマと外国語学習　83
5　誤ったスキーマの克服　88

第4章　学びを極める……95
——熟達するとはどういうことか
1　熟達とは何か　97

2　スキルの自動化と作動記憶　105
3　直観力はどこから生まれるのか　110

第5章　熟達による脳の変化……119
1　脳のしくみと熟達　120
2　脳はどのように変化する？　129
3　人から学ぶときの脳の変化　132
4　「直観」はどこにある？　136

第6章　「生きた知識」を生む知識観……143
1　知識観が学びを決める　145
2　「生きた知識」を獲得するには　150
3　暗記はほんとうにダメなのか　154
4　「生きた知識」とエピステモロジー　160

第7章　超一流の達人になる……169
1　いかに練習するか　170
2　努力か、才能か　175
3　熟達と創造性　187
4　「天才」とはどんな人か？　192

終章　探究人を育てる……201
1　探究人を育てるためのシンプルな鉄則　202
2　遊びの中から探究心を育む　207
3　学ぶ力は自分で身につける　215

おわりに　227
参考文献

図版製作＝鳥元真生

第1章　記憶と知識

「学ぶ」ということは「覚える」ということと深い関わりがある。そこで、学習を「記憶」と結びつけて語る人は多い。一方で、「知識」もまた、「学ぶ」ということにとって重要である。そこで、学習の目的とは知識を得ること、という話もよく聞く。しかし、記憶とは何か、知識とは何か、この二つはどう違うのか。これらの問題を深く掘り下げて考えたことがある人は、あまりいないかもしれない。まずはじめに、「記憶とは何か」という問いから考えてみたい。

1 「記憶力がよい」とはどういうこと?

「○○さんは記憶力がよい」と言うとき、読者のみなさんはどういう人のことを指すと思うだろうか? じつは「記憶力がよい」ということばの意味は一通りではない。整理してみると、「記憶力がよい」ということには少なくとも四つの型がある。すなわち、

① 瞬間記憶型
② 記憶力世界選手権チャンピオン型

③シャーロック・ホームズ型
④将棋プロ棋士型
である。順番に考えてみよう。

瞬間記憶型

人間はチンパンジーのしない抽象的な思考をし、哲学や数学、芸術、科学技術を発展させ、それをことばで後世に伝えることで文明を進化させてきた。だから人間のほうがチンパンジーよりも知能が高く、記憶力も人間のほうがチンパンジーよりも当然よいと思っている人は多いはずだ。しかし、驚くべきことが京都大学霊長類研究所の研究によってわかった。コンピュータの画面に1から9までの数字がランダムな場所に現れ、一瞬で消えてしまい、画面には数字のあった場所を示すボックスだけが残される。まだ子どものチンパンジーのアユムは、まったく間違えずに、1、2、3、4、5、6、7、8、9の順に、画面上のボックスをタッチしていくことができた。つまり、アユムは画面上の九つの数字がどこにあるか一瞬で記憶し、それを再現できたのである。

同じことを人間でやってみた。普通の人は数字が提示される時間を二倍にしても四倍にしてもまったくできない。つまり、ここでいう「記憶力がよい」とは、情報をカメラで記録するように一瞬で「頭に焼き付け」(つまり記憶し)、それを保持して再現する能力がすぐれていることである。

記憶力世界選手権チャンピオン型

記憶力を競う世界大会がある。そこでは、たくさんの単語のリストを見せられて、それを思い出したり、一時間でできるだけ長い数字の列を覚えたり、一時間でトランプのカードの並びをできるだけ多く記憶したり、一組のトランプの並びをできるだけ短い時間で覚えたり、たくさんの知らない人の顔の写真とその名前のリストを見せられて、どの人がどの名前だったかを記憶し、どれだけ正確に顔と名前の組合せが思い出せるかを競うらしい。ちなみに二〇一五年の時点での世界記録はというと、一時間で覚えた数字の桁数は二六六〇桁、一時間で覚えたトランプのカードの並び順は一四五六枚だそうである。

数字列などの意味のない情報を覚えるために、人はどういう工夫をするだろうか? その情報を何度も繰り返すことがもっとも一般的なやり方だが、多くの人はただ繰り返し唱えても、うまくいかない。「暗記」がうまい人は、そのときに、意味のない情報に意味づけをして、そ

$$N\cdot\sqrt{d^2\times\frac{85}{vx}}\cdot\sqrt[3]{\frac{276^2\cdot 86x}{n^2v\cdot\pi 264}}\,n^2b=sv\frac{1624}{32^2}\cdot r^2s$$

れによって覚えることが多い。読者のみなさんも「いいくに（1192）つくろう鎌倉幕府」などと言って鎌倉幕府ができた年を覚えた経験があると思う。

昔、ロシアに驚異的な記憶力を持つ人がいた。この人物は上の数式を見ると、瞬時に以下のようなストーリーを作り出し、この数式を覚えることができ、ずっと忘れなかったという。

> ノイマン（N）は出かけて、棒でつっついた（・）。彼は、ルート記号（√）に似た高い木を見つめ、彼が、そこにこれらの二軒の家（d^2）を建てた時すでに立っていたのだから木が枯れ、根をさらけ出していても驚くことはないと考えた。そして、また棒でつっついた（・）。彼は曰く。家は古い、だから、家を処分（帳簿に×をつける）しなければならない。そうすれば資本をたくさん増やすことができるだろう。すでに彼は八万五〇〇〇の資本をそれに投資した（85）。屋根がそれを区切り（—）、下には人が立っていて、温度箱（BOKC《ボックス》）（vx）で遊んでいた。彼は郵便局の近くに立っていて、馬車が家にぶつからないように、曲がり角に大きな石（・）が置いてある。……

A・R・ルリヤ『偉大な記憶力の物語――ある記憶術者の精神生活』(天野清訳、岩波書店)より

このロシアの記憶術の達人は特殊な例かもしれない。しかし、新しいことをどれだけ短時間で覚えられるかを競う試合に出場する人たちは、少なからずこのような類の工夫をこらす。つまり、覚えなければならない単語なり、数字なりを個別に覚えるのではなく、空間的なイメージに変換したり、要素が含まれるストーリーをつくったりして、それに沿って思い出すのである。記憶力がすぐれている人とは、記憶すべき情報を後で取り出しやすいような形に変換することが上手な人、と言ってもよいだろう。記憶力世界選手権に出場するような人たちは、このような記憶術の達人であり、記憶術を向上させるため常に努力をしている人であると言ってよい。

シャーロック・ホームズ型

シャーロック・ホームズは、殺人現場で見たことや、関係者の話を非常に細かく記憶している。被害者の爪は先がギザギザだった、先のとがった革靴を履いていた、片方の靴の紐が緩んでいた、被害者とは接点がないように思われた誰それを、別の誰それがチャリングクロス駅で

見かけた、など。そういうことが犯人を見極める重要な手がかりになることが後でわかる。相棒のワトソンは同じ場所にいて、同じように目撃者や事件に関係する人たちの話を聞いているのに、そういうことはまったく憶えていない。この記憶力の差はどこからくるのだろうか。

突然だが、いま、五〇〇円硬貨の表と裏の図柄を、実物を見ずに記憶だけを頼りに描いてみてほしい。大人なら、子どものころからしょっちゅう――たぶん何万回も――五〇〇円硬貨は「見ている」はずだ。しかし、どのくらい正確に五〇〇円硬貨の図柄を記憶しているだろうか。

私は自分の教える授業で毎年、受講生に五〇〇円硬貨の図柄を実物を見ずに記憶を頼りに描いてもらうのだが、表裏両方を正確に描けた人はこれまで誰もいなかった。正確に描けないどころか、硬貨の表と裏にそれぞれ、どんな図柄が刻印されているかすら知らない人が大多数だ。

普通の人は、日常いつも見ているものでも、見過ごして記憶していないことがたくさんある。つまり、シャーロック・ホームズは、普通の人がまったく気に留めない事実に気づき、記憶する達人なのである。

将棋プロ棋士型

達人は非常に短い時間で大量の情報を記憶することができる。ある実験では将棋の初級者

（アマチュア八級）、中級者（アマチュア三段）、上級者（プロ八段）に対して実際の将棋の一局面を提示し、その局面を記憶するのにかかった時間を計測した。実験に使った局面は、様々な戦型の局面をランダムに選択した。それぞれの局面はコンピュータ・モニター上に提示され、実験協力者は局面を記憶したと思ったら「ＯＫボタン」をクリックする。すると、駒が配置されていない盤面が表示され、局面の再現を行う。コンピュータで局面が提示されてからＯＫボタンがクリックされるまでの時間が記録された。

見た局面を再現するまでに要した時間が、将棋初級者は上級者の一〇倍以上かかっていた。中級者は序盤局面ではかなり短い時間で記憶できたが、中盤以降（五〇手以降）では長くかかるようになった。それに対し、達人であるプロ棋士は序盤から終盤の局面まで変わらずに非常に短い時間（一〇秒以内）で局面を記憶することができた。

将棋トッププロのこの素晴らしい記憶力は、記憶力世界選手権のチャンピオンと同じように思われるかもしれない。しかし、両者には重要な違いがある。記憶力世界選手権のチャンピオンは、もともと本来的には覚える人にとって意味のない情報を覚える術に長けた人である。一方、将棋の初級者とプロの差は記憶する局面に意味がある（ほんとうの対局場面から取ってきた）場合に限られていた。盤面に適当に駒を並べただけの、戦略上無意味な駒の配置を記憶しなければならないときには、トッププロの記憶は中級者、初級者となんら変わらなかったのである。

記憶の貯蔵庫

では、これら記憶の達人の四つの型から、あらためて記憶力とは何かを考えてみよう。じつは、「よく覚えられる」というときには、「記憶に入れるプロセス」と、「記憶を取り出すプロセス」の二つの異なるプロセスが関わっている。ある事柄をあとで「思い出す」ためには、入ってきたその情報を記憶の貯蔵庫に入れ、保持していなければならない。しかし、記憶の貯蔵庫に入っている情報がいつも必要なときに取り出せるとは限らない。あとで取り出せてこそ、情報は役に立つのである。

チンパンジーのアユムの例から、記憶力には情報を瞬間的に取り入れ、保持する能力が含まれていることがわかる。これは「瞬間記憶力」と言ってもよい。外界の情報はまず、「瞬間記憶貯蔵庫」に入る。これには視覚情報の貯蔵庫と聴覚情報の貯蔵庫がそれぞれある。どちらの場合も瞬間記憶貯蔵庫は一瞬しか情報を保持することができず、人間の場合には通常、一秒程度しか持たない。

瞬間記憶貯蔵庫に入れられた情報はさらに「短期の記憶貯蔵庫」に入る。心理学では「短期記憶」といわれる記憶貯蔵庫である。しかし、ここでもそれほど多くの情報を一度に保持しておくことができない。入ってくる情報は瞬間記憶貯蔵庫から短期の記憶貯蔵庫に入れられるが、短期の記憶貯蔵庫もまた一時的な、コンピュータにたとえれば「バッファ」のようなものだ。時間がたってから思い出そうと思ったら、情報は「長期の記憶貯蔵庫」に移されなければならない。

無意味な数字列や単語リストをどんどん与えられて、それを「覚えよう」とするとき、人は頭の中でそれを繰り返し復唱するなど、意識的に覚えるための努力をする。これは、その情報を瞬間的な貯蔵庫から短期の記憶貯蔵庫へ、さらには長期の記憶貯蔵庫に移すためだ。しかし、新しい情報がどんどん入ってくると、復唱しても記憶が追いつかなくなる。そうするうちに短期の記憶貯蔵庫(バッファ)があふれてしまい、情報が流れ去ってしまうのだ。

達人たちはここが秀でている

ならば、入ってくる情報をうまく長期の記憶貯蔵庫に移行させるにはどうしたらよいか？記憶術の達人たちは、そのために様々な工夫をする。短期の記憶貯蔵庫に一時に入れられる情報の量は決まっていて、普通の人ならば、大体七項目くらいと言われている。つまり、無意味な数字なら七桁、短い単語なら七個くらいだ。ただし、これは互いにまったく関連づけがされていない情報項目を覚えるときの量である。

達人は、もともとは関係ない情報をうまく関連づけ、ひとつの大きな塊にしてしまい、塊のまま覚える。つまり、情報を圧縮して何倍もの量の情報をうまく長期の記憶貯蔵庫に移送できるようにする。彼らは、意味のない数字の並びや互いに関係ない単語列、知らない人たちの顔と名前などに意味をつけ、長期の記憶貯蔵庫に転送し、あとでそれを忘れずに思い出せるようにするために、常日頃からたゆまぬ訓練をしている。言い換えれば、記憶術の達人は、決して短期の記憶や長期の記憶の貯蔵庫、つまりハードウェアの性能が生まれつきよいから達人になっているわけではないのである。

一方、シャーロック・ホームズ型の記憶の達人が秀でているのは、普通の人が目を向けないことにまで目を向け、それを記憶できるという点だ。さきほどの五〇〇円硬貨の例で考えてみよう。小銭がたくさん入った財布から五〇〇円硬貨を取り出すとき、いちいちその図柄にまで注意を向ける人はいない。図柄など見なくても、手で触ったときの大きさから五〇〇円硬貨は取り出せる。このように、普通の人は、注意を向けて見なくてもわかるものに対しては、何回見てもその詳細を記憶することはない。ところが、シャーロック・ホームズのような記憶の達人は、普通の人が注意を向けないものまで正確に記憶することができるのである。

もちろん、シャーロック・ホームズといえども、やみくもに目にしたことすべてを記憶しているわけはないはずだ。探偵としての長年の経験から、こういうことに注意を払って事件現場を見なければならない、こういうことが犯人を見つける手がかりになる、ということを予め知っていて、その知識に従って必要なことに注意を向けているのだ。一方、相棒のワトソンは、どのような情報に注目して現場を見るべきかがわかっていないので、大事なことを覚えていないのである。

言い換えれば、シャーロック・ホームズが普通の人よりもすぐれているのは、多くの情報を記憶する能力というより、犯人を見つけるためにはどのような情報が重要かを見極め、その情報だけを見落としなく見つけ、心に留めておける能力なのである。

では、トップクラスのプロ棋士が盤面を一瞬見ただけでその棋譜を再現できるのは、それとはどう違うのだろうか？　プロ棋士は「瞬間記憶貯蔵庫」の容量が普通の人よりも大きいのだろうか？　あるいは、記憶術の達人のように情報を短期の記憶貯蔵庫から長期の記憶貯蔵庫へ移すのがうまいのだろうか？

そうではないはずだ。もしそうなら、戦略的に意味がない盤面のときも同じように記憶できるはずである。さきほど紹介した実験で驚異の記憶力を見せたプロ棋士たちは、自分の駒の配置、相手の駒の配置を一つひとつ、その場で心に焼き付けているわけではない。プロ棋士は膨大な数の棋譜を頭に叩き込んでいる。実験の状況で見せられた意味のある盤面は、過去の対局でだれかが用いたもので、棋士にとってはすでに頭の中に保存されている局面だったのだ。つまり、盤面を瞬間的に見たときに棋士がしたことは、自分の知っているどの局面なのかを見極めること、言い換えれば、頭の中にすでに入っている情報と目の前の情報との照合だけだったのである。その場で適当に駒を置いただけの盤面は頭の中にないので、プロの棋士でも再現できなかったのだ。

プロ棋士が実験で見せた驚異の記憶力とは、棋譜の膨大なデータベースから目の前の局面を一瞬にして見つけることのできる能力なのである。

「記憶力」は情報を貯蔵するハードウェアの容量が大きいとか、効率がよいとか、そういうことで、それは生まれながらに決まっていると考える人が多い。しかし、四つの型の記憶の達人たちを分析してみると、じつは「記憶力がよい」ということは、もともとは意味のなかった情報に意味づけをする能力だったり、必要な情報を見極めてそれを細かく観察する能力だったり、目の前の情報をすでに頭に持っているデータベースと関連づけて分類する能力だったりすることがわかる。

どのタイプの達人を目指したいか

では、読者のみなさんはどのタイプの記憶の達人を目指したいだろうか？

もしチンパンジーが生まれつき人間よりすぐれた瞬間記憶貯蔵庫を持っているとしたら、チンパンジー並みのパフォーマンスを目指すのは難しいかもしれない。しかし、チンパンジーのアユムはじつは、一瞬だけ提示される数字列を覚え、数字のあった場所を順番にタッチしていく課題ができるようになるのに、一年以上かけて毎日繰り返し訓練していた。それに対して、この実験に参加した人間は同じことをする前に、ほんの数回の練習しかしていなかった。アユムが繰り返してきた練習の量に比べたら、ぶっつけ本番も同じだったのである。

ということは、もしかすると人間も予め練習をしたらパフォーマンスはよくなるのかもしれない。アメリカの研究者たちが実際にこの仮説を確かめてみた。人間もチンパンジーと同じように一瞬現れる九つの数字の場所を覚え、正確にタッチすることを集中的に訓練した上で実験を行ったところ、チンパンジーのアユムよりもよいパフォーマンスをすることができたのだ。チンパンジーの驚異の瞬間記憶も長い間をかけて繰り返し訓練したことによるものなのかもしれない。

記憶術の達人も、生まれながらに大容量・高性能の記憶貯蔵庫をもっているわけではない。では、私たちも訓練と工夫次第で、彼らのような記憶の達人になれるだろうか。たぶん、なれるだろう。記憶術を向上させるための努力を何年間も毎日ずっとつづけることができるなら。すでに述べたように、「記憶力がよい」人は、他の人とは違う特殊な脳のつくりをしているわけではなく、訓練によって、入ってくる情報をあとから想起しやすい形で記憶できる技を持っている人なのである。

これは逆に言えば、努力なしで記憶術の達人になることは難しい、ということだ。それ自体には意味のない数字列や単語列に対して、あとから簡単に思いだせるようなストーリーを瞬間的に作ったり、空間的な場所と関連づけたりすることは、いきなりやろうとしてもできるものではない。ストーリーをあれこれ考えていてそちらに注意をとられてしまったら、記憶しなければならない内容はかえって頭に入らないかもしれない。ストーリーやイメージがよほどうまくつくれないと、それ自体を思い出せなくなってしまうこともありそうだ。

結局、多くの努力をして自分で記憶術の達人にならない限りは、他の人が用意してくれた絶妙な語呂合わせは覚えることができても、覚えなければならない情報すべてを覚えるのは無理なのである。

しかし、記憶術を使うと初めて見る、互いに関係づけられていない情報を記憶することがうまくできる、つまり暗記力がよくなることは間違いがない。もし学ぶということにとって暗記がほんとうに大事で、記憶術がそれに役立つのなら、子どものときから記憶術の訓練をすることは子どもを賢くするために有効なのだろうか？　漢字や英語の単語、その他もろもろのことを子どもに「暗記させる」ことが大事なら、覚えることのスキルを高めるために小学生に記憶術の訓練方法を教えることは「よい教育」なのだろうか？　このことは心に留めておくべき問題である。

シャーロック・ホームズ型はどうだろうか。シャーロック・ホームズがすぐれているのもまた、ハードウェアとしての記憶貯蔵庫の性能ではなく、すぐれた観察力である。これは探偵だけに限ったことではなく、様々な分野で達人の域にある人たちに共通のことだ。達人はそれぞれの分野ですぐれたパフォーマンスをするために、その場その場で必要な情報が何かがわかり、その情報のみを効率よく、しかし見落としなくすくい取れる人なのである。

将棋のプロ棋士の記憶力とシャーロック・ホームズ型の記憶力には共通点がある。その分野に関して膨大な知識を持っている点である。さきほど述べたように、将棋プロ棋士は、（ランダムに並べた盤面ではなく）意味のある盤面の場合には見てすぐ再現できる。これは、単にたくさんの棋譜を長期の記憶貯蔵庫に大規模なデータベースとして持っているから、ということで片づく問題ではない。大事なのは「一瞬にして大規模なデータベースの中にある項目と目の前の盤面を照合できる能力を持つこと」である。

シャーロック・ホームズも頭の中に、過去の事件についての膨大なデータベースを持っているはずだ。しかし、彼のすごさは、膨大なデータベースの中から、いま関わっている事件に関係ある情報を引き出す力である。同じ殺人事件は二つとない。いまの事件が、以前のどの事件と構造的に同じかを見極め、その情報を使って必要な情報を集め、推理する能力がなければ膨大なデータベースも役に立たない。

結局、瞬間記憶型、記憶力世界選手権チャンピオン型、シャーロック・ホームズ型、将棋プロ棋士型のいずれのタイプの記憶の達人も、長年の訓練によって自分の必要なことを上手に行うための記憶能力が卓越していった人たちといえるだろう。どのタイプの達人を目指すのもそれなりに大変そうで、かなりの時間と労力を投資しなければならないだろう。さて、あなたはどのタイプを目指したいだろうか？

2　知識とは何だろうか?

行間を補う

記憶術を使って「覚えよう」とするとき、私たちは常識的に持っている知識を使っている。日常の生活場面で、私たちは人の言っていることを簡単に理解できる。テレビドラマや映画も理解できる。しかし、考えてみると、人の話もドラマや映画のプロットも、ポーンと飛ぶことが多い。あることを話していたのに突然話題が変わったり、シーンが変わったり。実際には説明されていない、あるいは映像として見せられていないところもたくさんある。

例えば、映画で考えてみよう。黒い服を着た人たちが集まり、何人かが泣いていて、みな暗い顔をしている場面からいきなり始まったとしよう。それがお葬式の場面だとは誰もひと言も言わないし、ナレーションでも語られない。でも、私たちはいちいち説明されなくても話についていける。それは私たちが、「お葬式」というものがどういうものなのかを知っていて、映画のその場面が「お葬式」の場面なのだということがわかるからだ。

私たちは日常で起こっている何かを理解するために、常に「行間を補っている」。実際には直接言われていないことの意味を自分自身で補いながら、文章、映像、あるいは日常的に経験する様々な事象を理解しているのだ。行間を補うために使う常識的な知識、これを心理学では「スキーマ」と呼んでいる。

物語のスキーマ

以下の文章を読んで、内容を覚えてほしい。

風船が音楽を奏でたとしても、その音は届かないだろう。何しろ、すべてのものが目的の階から遠すぎる。それに窓が閉まっていても、音は届かない。ビルディングは大抵、遮音効果がいいからだ。すべては電流が安定して流れるか否かにかかっている。電線の途中が切れても問題が起こるだろう。もちろん、男は大声で叫ぶことができる。しかし、人の声はそんなに遠くまで届くほど大きくはない。もう一つの問題は、楽器の弦が切れるのではないかということだ。そうなったら、伴奏なしで歌わなければならない。明らかに一番いいのは距離が近いことだ。そうすれば、面倒な問題もほとんどない。面と向かえばまずいことはまず起こらないだろう。

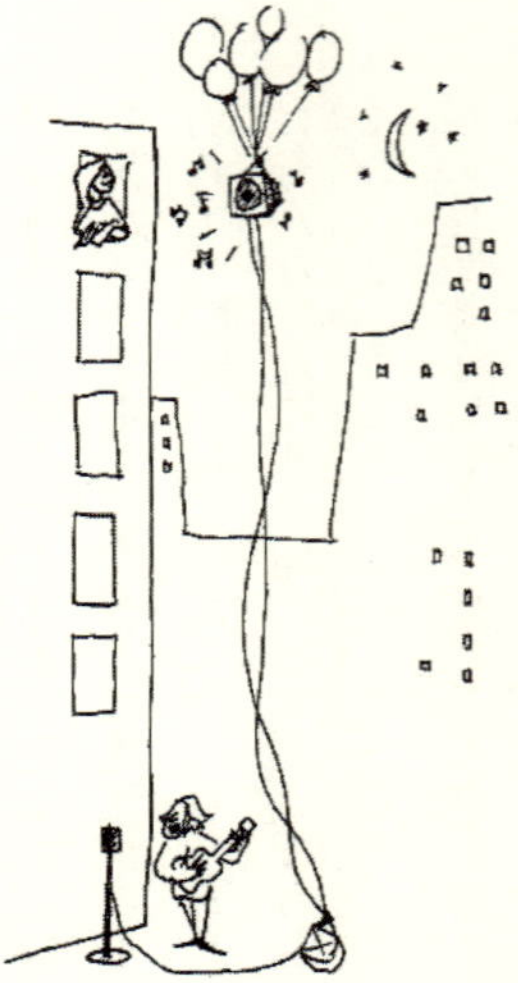

図 1-1　真夜中のセレナーデ
(Bransford & Johnson, 1972 より)

さきほどのお葬式の場面とちがい、これが何のシーンなのかよくわからず、いくつかのキーワードを断片的に思い出すことしかできない人が多いのではないかと思う。しかし、これが『真夜中のセレナーデ』というタイトルの小説からの一節だということを読む前に教えておくと、成績は多少よくなる。「多少よくなる」だけなのは、日本人の私たちには「セレナーデを奏でながら求愛する」という状況に対するスキーマも、ここで描かれている「ビルの上の階まで風船を使って音を届かせる」という方法に対するスキーマも乏しいからだろう。

このストーリーを読む前に、図1-1の絵を見せて具体的な状況がわかるようにすると、記憶の成績はずっと向上する。状況が図によって具体的に提示されるので、聞き手はストーリーの行間を補うことができ、それによって断片ではなくストーリー全体を思い出すことができるからである。

スキーマがないと難しい

海外の前衛的な映画を見ると、ストーリーを追えなくなってしまうことが時々ある。それは、行間を補うことができないことから来ている。こういうときは、多くの場合二つの種類のスキーマが足りない。まず、それぞれの状況について行間を補うスキーマ。自分たちの文化で当たり前だと思っていることが映画の舞台となっている文化では通じない。つまり、映画の舞台となる文化における日常生活のスキーマがないので、映画で表現されている場面や状況の行間が補えないのだ。

もうひとつの種類のスキーマは、物語の展開に関するスキーマである。私たちは、映画やドラマを見るとき、ここは回想のシーンだ、ここからはこのように話が展開するだろう、というようなことを、無意識に予測しながらストーリーを追っている。これも、ドラマや映画、あるいは小説などのストーリーの一般的展開の仕方についての知識、すなわち「物語のスキーマ」である。

一般的な物語のスキーマがまったく通じないような前衛的な作品は、それだけでも理解が難しくなる。ましてや、それがまったく異なる文化で、自分の日常生活における様々なスキーマが使えないとなると、日本語字幕があって表面的な字面は理解できても、ストーリー自体が理解できなくなってしまうのである。

スキーマが使えない学び

書いてあることが表面的には理解できても、スキーマがないと何を言っているのかわからない。それはドラマや映画に限らない。専門家に向けて書かれた文章は、その分野の専門的な知識を持たない人には理解することが難しい。理解が難しい理由にはもちろん、専門用語がわからないということもある。しかし、専門用語がすべて解説されていても、全体の論旨がわからないことも多い。これは、その専門分野での背景知識(その専門分野のスキーマ)が足りないため、書かれていないことの行間を補うことができないからなのだ。

まったく同じことが子どもの記憶についても言える。子どもは様々なことを学校で学ぶ。しかし、先生の説明や教科書を理解するためにはやはり、様々なスキーマを使って行間を補うことが必要だ。よく理解できないことは記憶も難しい。

さて、記憶の話をしていたのに、いつの間にかスキーマがないとテキストや人の話、映像作品などが理解できないという話になってしまった。しかし、結局、理解ができないと記憶することも難しくなる、ということなのだ。スキーマで行間を補うことができないと、先生の説明も、テキストに書いてあることも理解できない。無理やり覚えようとすると、無意味な数字列や単語リストを記憶するのと同じような状況になってしまうのである。

人は、何か新しいことを学ぼうとするときには必ず、すでに持っている知識を使う。知識が使えない状況では理解が難しく、したがって記憶もできない。つまり、学習ができない、という事態に陥ってしまう。言い換えれば、すでに持っている知識が新しいことの学習に大きな役割を果たしているのである。

記憶は構築される

スキーマは覚えるべき内容に意味づけをする。スキーマはまた、外界にある膨大な情報から必要な情報にのみ注意を向けさせる。人は注意を向けて選択した情報だけを記憶する。五〇〇円硬貨の図柄をほとんどの人が憶えていないのは、硬貨を識別するために図柄に対しては注意を向けていないからである。

これを突き詰めると、結局、私たちは、物事を客観的に記憶できないということだ。私たちは常に物事を――それが人の話であれ、テキストであれ、映画やドラマであれ、その他もろもろの事象であれ――、様々な知識を使って解釈し、解釈した結果を記憶しているのである。言い換えれば、日常生活における記憶は「客観的な出来事の記録」ではなく、知識のフィルターを通して解釈され、構築されたものなのだ。

記憶はスキーマと入りまじる

記憶は、主観的につくりだされるものである。スキーマは入ってくる情報を自分にとって意味のあるものにし、記憶することを助ける。しかし、その半面、スキーマによって、実際には見なかったものを見たと思ってしまったり、記憶がゆがめられて、実際のものと違った形で思い出してしまったりすることも頻繁に起こる。

例えば、あなたは大学の先生の研究室を訪問し、その後、研究室にあったものを思い出そうとする。そのとき、そこに非常にめずらしいものがあれば、それは記憶に鮮明に残る。しかし、そこに当然あるものとして期待されるモノ――電話、パソコン、ノート、本、ファイル、カレンダー等――については、本当にあったかどうか不確かな記憶しかないものである。人は通常、あるはずのものには注意を向けないからだ。

注意を向けないものは、記憶の貯蔵庫にはっきりした形で入れられることはない。思い出すときに人は、「大学の先生の研究室」というスキーマによって、「あるはずのもの」を「あったもの」として報告してしまう。多くの場合、記憶があやふやだという感覚もなく、「あった」と「思いこんでしまう」のだ(これは実際に心理学の実験で報告されていることである)。実際、人の記憶には、常にスキーマが混入する。そして、記憶の貯蔵庫の中から情報を引き出すときに、実際にあった客観的な情報とスキーマとを分離することは、ほぼ不可能なのである。

誰かがしたことの一挙手一投足、行ったことの一部始終をビデオのようにつぶさに正確に記憶することは不可能だ。それは、わざわざ心理学の実験をしなくても、日常の経験からわかることだろう。一枚の単純な絵の記憶でさえ、些細なことでゆがめられてしまうのである。

知識で記憶が変わる

図1–2を見てほしい。ある実験ではこのような、曖昧な図形を見せていった。実験参加者は三つのグループに分けられた。一つのグループの参加者は図だけを見る。あとの二つのグループでは、図形といっしょにその名前が見せられる。ただし、同じ図形に対して違う名前が付けられている。例えば、Cにも三日月にも見える図形に対して、ある一つのグループは

図1–2 文字のCか？　三日月か？

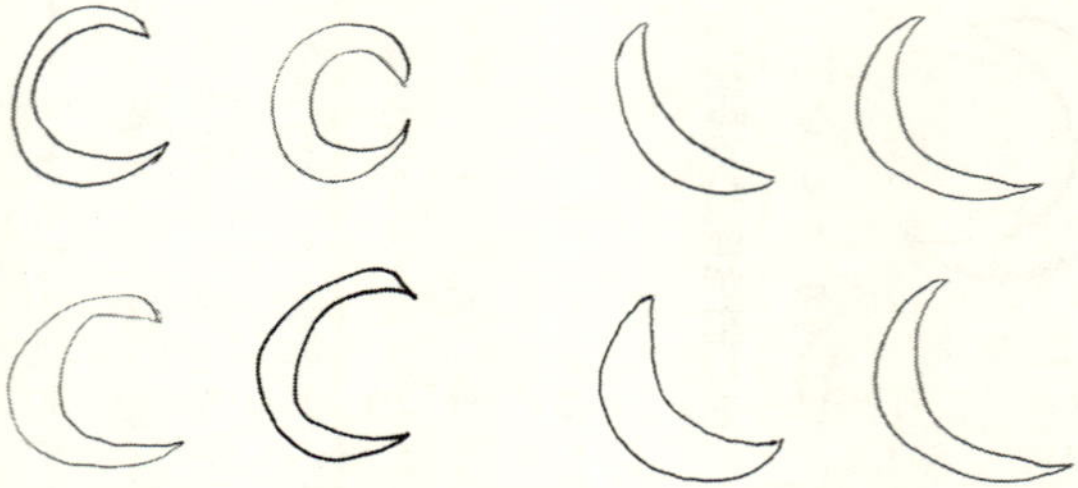
Cだと言われた人の描いた絵
三日月の絵だと言われた人の描いた絵

図 1–3　名前という知識は，記憶に影響を与える

「C」という名前といっしょに提示され、もう一つのグループは「三日月」という名前が提示された。（一つひとつのことばの意味も、一種のスキーマと考えることができる。私たちは「C」という文字についてのスキーマ、「三日月」についてのスキーマを持っている。）その後、参加者は見た図形をできる限り正確に再現して描くように求められた。

図1―3の八つの絵が、どちらの名前を聞いた人が描いたものか、言わずとも明らかだろう。名前という知識は、図形の記憶に明らかに影響を与えている。記憶の貯蔵庫に入れられる絵は、実際に見た絵そのものではなく、名前の指すものの典型的なイメージが紛れ込んだ、自分で「つくりあげた」イメージとなっているのである。

ことばが記憶に影響を及ぼすのは、情報を記憶の貯蔵庫に入れるときだけに限らない。アメリカでこういう実験が行われた。例えば、クルマどうしが衝突した事故の瞬間を映した、ごく短い映像を人に見せる。映像を見せた後で「クルマはどのくらいのスピードで衝突しましたか？」と聞く。しかし質問の際、人によって、異なる衝撃の強さを表す「smash」「collide」「bump」「contact」「hit」という異なる五つの動詞のいずれかが使われた。いずれも日本語で言うと、「衝突する」という単語である。smashが最も衝撃が強く、順に弱くなっていく。

さて、その結果だが、実験の参加者たちはまったく同じ映像を見たにもかかわらず、質問で使われた動詞によって違うスピードを答えた。動詞が含意する衝撃の強さが大きいほど参加者が推測したスピードは速くなり、動詞が含意する衝撃の強さが小さいほど、推測したスピードは遅くなったのである。つまり、記憶は最初に貯蔵庫に入るときだけでなく、思い出されるまでの間に外から入ってきた情報によっても変わってしまうほど、繊細で変わりやすいものなのだ。

それは、記憶だろうか、知識だろうか？

人が何かを記憶するとき、記憶される内容は（あるいは思い出される内容は）知識に大きく影響される。では、そもそも「知識」とは何なのだろうか？　学びにとって「知識」は何より重要だ。学びの目的は知識を身につけること、と多くの人が考えている。しかし、「知識とは何か」

とあらためて問われたとき、あなたならどのように答えるだろうか。

まず手始めに、記憶と知識は同じなのか違うのか、ということを考えてみよう。以下の事例について、それは記憶なのか、知識なのか、あるいは両方なのか。それを考えてほしい。

事例Ａ　記憶力の世界選手権で数字記憶部門の世界記録保持者は、一時間に二六六〇桁の数字列を覚えることができるという。覚えた数字列は、記憶だろうか、知識だろうか？

事例Ｂ　同じ数字列でも電話番号はどうだろう？　例えば、友達一〇〇人分の電話番号を暗記したとしよう。暗記した電話番号は、記憶だろうか、知識だろうか？

事例Ｃ　心理学の記憶テストで次々と提示される一五個の単語のうち、直後には一〇個を思い出すことができた。しかし、一週間後には一つも思い出せなかった。直後に思い出せた一〇個の単語は、記憶だろうか、知識だろうか？

事例Ｄ　漢字検定に挑戦するために参考書を買って、今まで知らなかった漢字を一カ月で一〇〇個覚え、漢字検定の一級に無事合格した。覚えた漢字は、記憶だろうか、知識だろうか？

事例Ｅ　英語検定のために、知らなかった英単語を一〇〇個覚え、英語検定に無事合格した。

覚えた英単語は、記憶だろうか、知識だろうか？

事例Ｆ　プロ棋士は実験者に対して提示された盤面を数秒ちらっと見ただけですべての駒の布置を再現できる。棋士が見て再現した布置は、記憶だろうか、知識だろうか？

さて、読者のみなさんは、どちらと思われるだろうか？　記憶か知識か、スパッと二つに分けることが難しければ、「これは知識だ」と言える確信度が強い順に、事例Ａから事例Ｆを並べてみてもよい。

「スキーマは知識である」と述べた。私たちはスキーマによって状況を判断し、次にすべきことを予測できる。スキーマによって状況のどこに注意を向けたらよいのかがわかる。スキーマによって、本来なら記憶できない量の情報を圧縮して記憶することができる。逆に、スキーマがなければ、見た情報、聞いた情報の取捨選択ができず、理解もできず、したがって記憶することは著しく困難になる。

知識と記憶とをスパッと二つに分けられたら、覚えたことが「役に立つ」か、「役に立たない」かの線引きの基準にもできるかもしれない。

事例Ａは素晴らしい偉業だ。記憶力の世界チャンピオンになったら賞金がもらえる。その意味では、役に立つといえる。しかし、覚えた数字自体はあまり実生活にも今後の学びにも役立ちそうにない。

事例Bはどうだろう。人の電話番号を何も見ずに思い出すことができたら、実生活に役に立ちそうだ。昔は電話番号を調べるのに分厚い電話帳が手元になければならなかった。電話番号が頭に全部入っていることは、ずいぶん得で便利だったかもしれない。ところが、いまは一度携帯電話やコンピュータの電話帳に登録しておけばすぐに出てくるので、電話番号を覚えることのありがたみは昔よりも薄れているかもしれない。またそれで何か新しいことを学ぶ役に立つかというと、あまり役に立ちそうにない。

ならば、事例Cはどうだろうか。実験中に一生懸命がんばって覚えた単語。でも、一週間後にはまったく思い出せなくなってしまった。これは直感的には「知識ではない」と思う人が多いのではないか。しかし、記憶テストに答えることはできただろうから、一応、役には立ったと言えそうだ。同様に事例D。新しく覚えた一〇〇個の漢字は、漢字検定の試験には役立ちそうだし、日常生活や勉学にも役立ちそうだ。漢字をたくさん知っていれば文章の理解もしやすくなりそうだし、文章を書くのにも役立つだろう。こう考えると、覚えた一〇〇個の漢字は、記憶でなく知識と言えそうだ。

事例Eの英単語を覚えることは、新しい漢字を覚えることと同じように思える。英語検定も無事合格した。もし事例Dが知識ならば、これも知識と言えそうだ。ただし、覚えた単語で英語の文章がまったくつくれないとしたらどうだろう？　新しく覚えた漢字ならば、それを使って文章がつくれそうだ。しかし、日本語に置き換えて意味を暗記した英単語は、英語を話したり書いたりするのには役立たないというのは、よくあるケースだ。それでも事例Eは事例Dと同じように「知識」と言ってよいのだろうか？　迷うところだ。

最後の事例F。第1節で述べたように、プロ棋士は頭の中に棋譜の膨大なデータベースを持っている。その棋譜を「記憶」であると考える人は多いかもしれない。しかし、プロ棋士のすごさは、目の前の布置を膨大なデータベースからすぐに探すことができ、意味づけができることだ。第1節で、プロ棋士が頭の中に持つデータベースは「知識」であると述べたが、それを「記憶」と言い換えてもよいのだろうか？　それとも「記憶」とは区別すべきなのだろうか？

正解を聞けると期待した読者には申し訳ないが、「記憶か、知識か」の問いに対して決まった正しい答えはない。この問いは根源的には「知識とは何か」という認識論の問題であり、古代ギリシャの時代から哲学者が問いつづけてきた問題なのである。しかし、この問いを考えるのは哲学者に任せておけばよいということではない。読者のみなさんも、本書をこれから読み進めながら、この問いに対して自分なりの答えを考えてみてほしい。「知識とは何か」という問題については、第6章であらためて取り上げる。

「生きた知識」と「死んだ知識」

認知心理学で知識について語るとき、「生きた知識と死んだ知識」という言い方をよくする。これは、さきほどの事例Aから事例Fとも関係する。私たちの誰もが、遅くとも中学校から英語を学び、英語の知識を入試やTOEICなどのテストで試されてきた。

例えば、不定冠詞の「a」(ア)と、定冠詞の「the」(ザ)の違いを説明せよ、と問われたら、どう答えるだろう？ 「「a」はそれにつづく名詞が数えられ、不特定で一般的なカテゴリーを指すときに使う不定冠詞である」「「the」は既出、あるいはすでに特定されているときに使う定冠詞である」などと、教科書に書いてある通りの答えが書けるだろう。それは「事実についての知識」を持っているからである。しかし、実際に英語を書いたり話したりするときに、「a」と「the」を正しく使い分けることはなかなかできない。

これと逆なのは、日本語の「て」「に」「を」「は」の使い分けである。これらの助詞をどのように使い分けるのかを、ことばで説明するのは難しい。しかし、日本語の母語話者は、ことばで説明ができなくても、きちんとこれらを使い分けられる。

「体で覚える」というと、スポーツや楽器の演奏、手を使った技など、実際に身体を使って行うことばかりを指すことが多い。しかし、そうとは限らない。私たちは学校で「て」「に」「を」「は」の規則を教えられて使い方を覚えたわけではない。子どものときからずっと、日常会話の中で使われるのを聞き、自分でその意味（どういうときに使うのか）を推測し、実際に使ってみる。これをずっと繰り返しつづけることで、「て」「に」「を」「は」の使い方を体に覚えさせ、意識しなくても自分のそのときの意図に応じて使い分けができるようになる。つまり、その知識が体の一部となるのだ。

知識はこのように、体の一部になってこそ生きて使えるようになる。逆に言えば、体の一部になっていない知識は、使えないということである。外国語の習得で考えてみよう。外国語がうまく使えないと感じているうちは、その知識はまだ体の一部になっていないということだ。それは、「頭で知っているだけの知識」である。つまり、「頭で知っているだけの知識」は「使えない知識」、「体で覚えた知識」は「使える知識」と深く関わっていることがわかる。

「使える知識」と「使えない知識」

「使える知識」と「使えない知識」についてもう少し考えてみよう。「知識」ということばを聞いたとき、人が一番イメージしやすいのは「事実の知識」だろう。例えば、OECDは「経済協力開発機構」の略語である、リンゴは英語では「アップル」と言う、ということなどは「事実の知識」だ。一方、それと区別される知識として、「手続きの知識」がある。ことばではっきりと説明できないが、体が手続きを覚えている、という知識はたくさんある。さきほどの「て」「に」「を」「は」の使い方もそのひとつだし、自転車の乗り方もそうだ。

さきほどの「知識か、記憶か」の事例Aで、多くの読者は記憶した数字は知識ではないと考えたと思う。記憶術の達人が訓練で目指しているのは、数字そのものをずっと記憶貯蔵庫に保持しておくことではない。大事なのは、本来的には意味のない情報に意味をつけ、できるだけ多くの情報を圧縮することによって記憶するそのスキルだ。このスキルこそが、記憶力世界選手権でチャンピオンを目指す人たちにとっての「使える知識」なのである。

「F=ma」という物理の公式にも同じことがいえる。その公式に数値を放り込んで、答えを出せるようになってもテスト以外の時には役立たない。その公式を問題解決のそれぞれの場面で使うべきかどうかを見極めることができてはじめて、F=maという公式は「使える知識」

になるのだ。

母語の単語でも、よく知らないことばは辞書を引いて語釈を読み、おぼろげながらその意味がわかっても、どのように使ってよいのかよくわからないことがある。これは使うための手続きの知識が欠けているからだ。

「生きた知識」と学び

本書の目的は「よりよい学びとは何か」という問題を読者とともに考えていくことである。そのために、「知識とは何か」という問題は避けて通ることができない。ここまで述べてきたように、私たちは覚えたことをすべて有益に使えるわけではない。せっかく時間をかけて学ぶのなら、学んだ知識を「生きた知識」にしたい。では、どのように学べば、知識は「生きた知識」になるのだろうか。

「生きた知識」のわかりやすい例は、言語（母語）の知識だ。子どもは母語を習得し使えるようになるために、ことばを覚える。覚えたことばを、コミュニケーションのために使う。また、覚えたことばを、さらに新しいことばを覚えるためにも使う。つまり、持っている知識が新しい知識を生むサイクルをつくっているのである。

母語の習得の過程は熟達の過程でもある。どのような分野でも、熟達するということは、情報の選び方がうまくなり、新しい情報をすでに持っている知識の中に取り込み、知識を(単なる肥大ではなく)進化させられるようになることである。子どもの母語の習得もまさにこの過程をたどっている。

次の第2章では子どもの母語の習得の過程を見ていく。子どもがどのように母語を身につけていくかを理解することは、私たちが「生きた知識」を身につけ、熟達するときに、私たちの中で何が起こるのかを理解する助けになる。そのために何をするべきか。それを考えるためのヒントを与えてくれるはずだ。

第2章　知識のシステムを創る

——子どもの言語の学習から学ぶ

私たちはみな、母語の達人である。私たちは母語をあたりまえのように使ってコミュニケーションをとり、学び、考えている。しかしその背後には膨大な量の知識があることを意識している人はほとんどいないだろう。実際には言語の音の特徴や文法に関する深い知識、そしておびただしい数の単語の意味と使い方を知らなければ、ことばを話したり書いたりすることはできないのである。

外国語を学んだことがある人なら誰でもそのことは身に染みて知っているだろう。長い時間と多大な努力を費やして外国語の文法や単語をたくさん覚えても、ちょっとしたことを言ったり書いたりするのも苦労する。外国語を母語のように使いこなすことができるほど熟達するためには、特別な才能が必要だと思っている人も多い。それなのに、なぜ子どもは誰でもやすやすと母語の達人になることができるのだろうか。

私たちが授業で外国語を学習するとき、テキスト中の文はすでに単語に区切ってあることがほとんどで、新出単語がリストされ、日本語訳もつけられている。つまり、私たち大人は外国語を学習するとき、聞いた発話の中から自分で単語を探しだすことはほとんどない。また、大人は外国語の文法や単語は知らなくても、どんな言語にも共通する言語に関する多くの知識を持っている。例えば、言語は単語という要素から成り立っていること、それぞれの単語には意味があること、単語には名詞、動詞、形容詞など、異なる種類があって、文の中で担う役割がそれぞれ異なること、など。

一方、子どもには、テキストも辞書もないので、自分に語りかけられることばや、周りで人が話している会話だけを材料にしてすべてを自分で発見しなければならない。英語のテキストでは単語と単語の間にスペースがあるが、会話の音声では、単語と単語の間の明確な区切りはないので、子どもは自分で会話を単語に区切っていって単語を一つひとつ自分で発見するしかないし、発見した単語の意味も自分で推測するしかない。子どもがことばを学習するとき、大人からことばについて直接教えてもらうことはしない。大人は子どもに言語を使ってみせることはできるが、ことばを使ってことばについて直接教えることはできないのだ。

しかし、考えてみればこれは不思議なことである。人はそこに結び付けられる知識を持たない情報は記憶することも学習することも難しい。ところが、乳児はことばを学習するときに、ことばに関する知識をほとんど持たない。最初のうちは単語もほとんど知らないから、ある単語の意味をことばで説明することもできない。それなのに、子どもはあっという間に多くの単語を覚え、文法を覚え、話ができるようになり、知識をどんどん増やしていくことができる。

日本語なり、英語なり、どのような言語でも、言語を使うにはその言語の音、文法、語彙についてて知識がなければならないが、それぞれの要素についてどんなに多くの知識を持っていてもそれだけでは言語は使えない。それらの要素の知識が互いに関連づけられたシステムになっていなければならない。英検一級、TOEFL、TOEICで高得点を取ることができるのに、英語を自由に使えない人は、要素の知識はたくさん持っているのに、それらがシステムになっていないのだ。言い換えれば、子どもの言語の習得の過程とは知識の断片を貯めていく過程ではなく、知識をシステムとしてつくり上げていく過程に他ならない。

本章では、子どもが母語の熟達した学び手、そして使い手になっていく過程を見ていきながら、知識のシステムをつくっていくためには何が必要なのかを考えていく。

1　できることから始める

胎内で学ぶ母語のリズム

言語の学習は胎内ですでに始まる。胎児は羊水の中にいる。水の中では一つひとつの細かい音はよく聴こえない。しかし、リズムは水中でもわかる。胎児は母語のリズムや音の強弱のパターンを聴き、母語の韻律のパターンを学習する。言語の特徴がもっともわかりやすいのは韻律(リズムと音の強弱や高低)だ。聴こえてくる言語が何を言っているかまったくわからなくても中国語か、フランス語か、イタリア語かはなんとなく感じでわかる。胎児も同じだ。母親の胎内で、その環境でできる言語の学びをすでに始めている。生まれたばかりでも、乳児は韻律を頼りに自分の母語をそれ以外の言語と区別することができる。つまり厳密には、赤ちゃんは自分の母語の韻律の特徴についての知識とともにこの世界に誕生するのである。

単語をつくる音を探す

言語の基本パーツは単語だ。単語を規則(文法)に則って組み立て、文をつくる。単語を組み合わせることで、言いたいことを何でも表現することができる。

そのためには、たくさんの単語を知っていなければならない。しかし、耳にする言語の音は、単語ごとに区切られていない。知らない言語を聞いたとき、まず切れめなく流れてくる音を単語に区切ることができ、それぞれの単語の意味を知っていなければ、何を言っているのか理解できない。人が何を言っているのか理解するためには、乳児はまず、人の声を単語に区切っていくことから始めなければならないのだ。

単語は大抵、複数の音の組み合わせでできている。そのときの音とは何か。「音素」という音の単位である。もう少し詳しく言うと、音素とはある言語で単語を作る音の単位で、「その音の違いが、違う単語を作り出すかどうか」がその言語の音素を決める。

例えば、「さかな」と「たかな」は最初の子音が違うだけであるが、この二つの音列は意味がまったく異なる単語になっている。しかし、「さしみ」ということばの中にある二つの/s/について見てみると、「さ」のときには英語の単語の「see」の最初の子音に近い音がつくられるが、「し」のときには英語の「she」の音がつくられている。

英語では「see」(見る)と「she」(彼女)とはまったく別の単語だ。単語の最初の子音を発音記号で表すと「see」のほうは[s]、「she」のほうは[ʃ]である。つまり、英語では[s]と[ʃ]はそれぞれが単語をつくり出す音の単位、つまり音素となる。しかし、日本語では[s]と[ʃ]の違いは、意味が違う別の単語をつくり出さない。だから、日本語ではこの二つの音は別の音素ではなく、/s/という同じ子音の仲間と見なされるのである。

無駄なものを見つけて捨てる

子どもが自力で単語を発見するためには、母語の音素を発見することが必要である。例えば、英語を母語とする子どもは、［s］と［ʃ］が別の音だということがわからなければ「see」と「she」を別の単語として認識することができない。（私たち日本人は［s］と［ʃ］を別の音素として区別していないため、耳から聞くと「she」と「see」を別の単語として区別することが難しいのだ。）

では、乳児はどのようにして母語で使われる音素を学ぶのだろうか。じつは、音素自体は「学ぶ」必要はない。生まれたときには乳児は自分の母語になるはずの言語はもちろん、それ以外のすべての言語で使われるすべての音素の違いを識別できる能力を持っているからである。しかし、一歳の誕生日頃になると母語では使われない音素を識別することはできなくなる。日本人には英語の「r」（アール）と「l」（エル）の聞き分けが難しいと言われているが、日本人の赤ちゃんは、八カ月くらいまではアールとエルの区別ができる。ところが、一歳の誕生日ころには、もう区別できなくなってしまっているのである。

どの言語を母語としていても、生後六〜八カ月までは、音素を音の物理的な違いに従って区別している。しかし、その後数カ月の間に、それぞれの母語に特有の音素の区別の仕方（クラス分けの仕方）を身につけたために、その母語では必要のない識別能力を失うようになるのだ。言い換えれば、無駄なことに注意を払わなくなるのである。つまり、学習とは単に細かい区別がどんどんできるようになることだけではない。無駄なことを捨てることも大事なのだ。

なぜ、捨てるのか。私たちがある状況で何かを判断したり、問題を解決しようとするとき、外界には情報は無限にある。しかし、私たちは無限に情報があるとは思わない。無意識のうちに、無限の情報(外界に存在するモノや出来事、音など)の中から取捨選択を行い、いま処理するべき情報だけを自分の中に取り込んでいるからである。

第1章で、ほとんどの人は五〇〇円玉の図柄の詳細を覚えていないと述べた。これは認知の仕組みを考えるとしごく合理的なことなのだ。硬貨の種類を見分けるには色と大きさ、形がわかれば十分である。図柄は硬貨を使うために必要な情報ではないので、そこに注意を向けないのだ。一歳前の乳児が、自分の母語で区別する必要のない音素の区別に注意を向けなくなるということは、母語の学習を効率的に行い、母語に熟達していく上でいたって合理的なプロセスなのである。

2　ことばの意味の学び方を学ぶ

単語の意味は教えられない

多くの人は、子どもはことばの意味を大人に教えてもらう、あるいは大人が使っているのを真似て学ぶ、と考えている。たしかに、大人が外国語を学習する場合には、先生が単語の意味を教えたり、自分で辞書を使って学ぶことができる。

例えば、「rabbit」という英語の単語を英和辞典で調べると「ウサギ」という訳が載っている。日本人の大人は「ウサギ」が何を指示するのか、「ウサギ」とはどういう動物なのかを知っているので、ただちに「rabbit」の意味を知ることができる。しかし、そもそもことばが意味する概念をまだ持っていない子どもに、ことばで「ウサギ」の概念を教えることはできない。

これは、子どもがことばを覚えるときに共通した問題でもある。子どもはよく「ちゃんとお片付けしなさい」と言われる。しかし、「片付ける」という行為は「ウサギ」よりもさらに抽象的だ。片付けるモノは、オモチャ、食器、本、食べものなど様々である。片付ける場所も片付け方も一様ではない。それらの行為を一つひとつ観察しても、その行為は行為者がどのような意図をもって、何のためにするのかということが理解できなければ、いま観察した特定の行為の真似はできても、「片付ける」という概念自体を学習することはできない。

子どもがことばを覚えることができるのは、大人が間違いを直すからだと思っている人も多い。しかし、実際には、大人が子どものことばの誤りを訂正することはめったにない。そもそも親は子どもが誤った発話をしても、子どもの意図をくみ取るのが非常にうまく、大抵の場合、子どもの誤りを訂正などせずに子どもの言っていることに応答したり、ほしいものを与えたりする。

それにもかかわらず、子どもは新しい単語をある状況で聞いた後、別のときにそのことばを使うし、それがちょっと間違っていることもあるにしても、総じて的外れでないことが多い。つまり、子どもはたった一つの事例から、ざっくりとではあるが、ことばの意味を自分で見極め、さらに、そのことばの使える範囲もその場で大体判断しているのである。

「思い込み」と「形ルール」

では、子どもは初めて聞くことばの範囲をどのように推論しているのだろうか。結論を先に言うと、一歳半ばを過ぎたころには、子どもは「思い込み」を持って、ことばの指す対象と範囲をすぐに決めてしまい、あれこれ迷わないのである。

例えば、お母さんが青い陶器のコップを指差して、「コップよ」と言うのを聞いたとしよう。するると子どもは、色が違っても、素材が違っても、大きさが違っても、同じような形のモノな

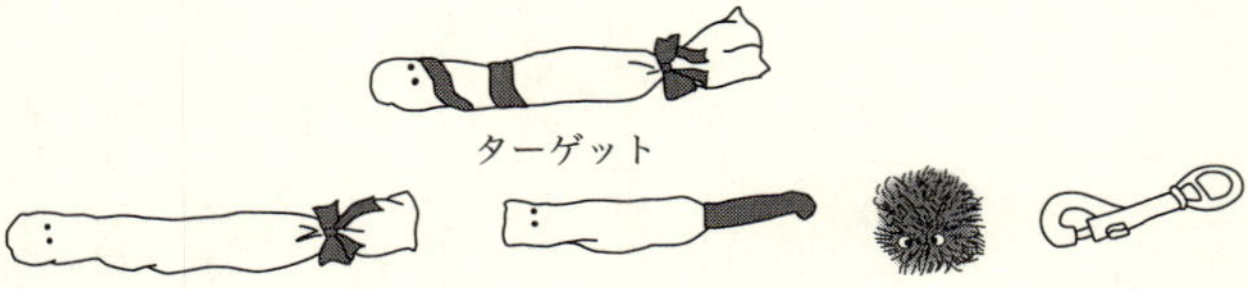

図 2-1　「ネケ」はどれ？(Imai & Haryu, 2001 より)

ら「コップ」ということばを使う。形が違う青いモノや陶器製のモノ（青いミニカーや陶器のお皿）には「コップ」は使えないと考える。つまり、子どもは自分の中に、「形ルール」ともいうべき、（自分が経験した）ことばと特定のモノの結びつきを一般化するためのルールを持っている。

子どもが「形ルール」を使って、知らないことばの意味を自分で推測していることは、筆者自身が行った実験からわかった。図2-1を見てほしい。その実験では、日本人の二歳の子どもに、日常では見かけない、おそらく名前も知らないであろう、動物のぬいぐるみを見せて指さし、「これはネケよ」と教えた。子どもが「ネケ」という音と指さされたモノの結びつきを覚えたら、そのぬいぐるみをいったん隠す。そして、それとは別の四つのモノと名前をつけたネケのぬいぐるみを子どもの前に出して見せ、「ネケをちょうだい」と言って、そのことばが使えるモノを五つの中からすべて選んでもらった。

ところで、日本語では英語のように固有名詞と普通名詞を明示的に区別しない。英語では「This is a neke.」という文の中で「neke」を聞けば、それは普通名詞なので他のモノにも一般化されるということがわかる。「This is Neke.」という文を聞けば「ネケ」が固有名詞であると推測される。しかし、日本語では、「これはネケよ」と言われたとき、「ネケ」が固有名詞なのか普通名詞なのかはっきりしない。そのため、「ネケ」という名前を他のモノに使うべきかどうかも定かではない。

しかし、日本人の二歳の子どもたちは、日本語のもつこのような曖昧性を感じる素振りも見せずに、「ネケ」を大人が直接教えた対象に限定することなく、教えられていない他のモノもごくあたりまえのように選んだ。つまり、日本人の子どもは、日本語が文法で可算名詞と固有名詞を区別しなくても、はじめて見るモノにはじめて聞く名前がつけられると、それは特定の個体を指す固有名詞ではなく普通名詞だという「思い込み」を持つことがわかったのである。

しかし、他のモノに使えると知っているだけでは正しい一般化はできない。この実験は、子どもがどのような基準でことばの範囲を決めているのかを知るためにデザインされていた。子どもが「形ルール」によって最初に名前をつけたモノを、ここでは「ターゲット」と呼ぶことにする。

ここで、図2-1の①は、ターゲットと全体の形も大きさも色や模様もそっくりで、アクセサリーのような付属物で名付けられたモノと区別できる。②は、ターゲットと全体の形が似ているが、大きさ、色、模様はちがうようにした。③は、見た目が全然ちがう、別の種類の動物のぬいぐるみだった。④は、動物でない人工物で、ターゲットと似たところは何もない。
二歳の子どもたちは①と②、つまり最初に「ネケ」と教えられた対象と形が似ているモノを「ネケ」と呼び、③と④のように形が大きくちがうモノは「ネケ」の対象として選ばなかった。子どもは、知らないことばと一緒に、知らないモノを見せられると、色や大きさ、模様などではなく「形」に注目する。つまり、形が似ているモノに対して、そのことばを一般化する「形ルール」を持っており、それを使って、初めて聞くことばの意味の範囲を決めているのである。

形ルールをどのように学ぶのか

では、形ルールはどのように習得されるのだろうか。子どもは最初から形ルールを持っているわけではない。ことばを話し始めてからの最初の何カ月かは、子どもはおもしろい間違いをする。例えば、外に雪が積もっているのを見ながら「雪だよ」と教えられた子どもが、床におちたタオルやこぼれたミルクも「雪」と言ったりする。地面にある白いものはみな「雪」だと思うようだ。あるいは、「おつきさま」ということばを覚えた子どもが、グレープフルーツやレモンの輪切り、丸い掛け時計、クロワッサン、光があたってきらきらする葉っぱも「おつきさま」と呼ぶようなこともある。

つまり、最初のうちは、子どもはあることばを最初に結び付けられたモノと「似ているモノ」全般——形だったり、色だったり、手触りだったり——に手当たり次第、そのことばを使うというようなことをする。この時期に子どもは、覚えたばかりの一つひとつの単語がどのような基準の「似ているモノ」に使えるのか、同じことばで呼ばれるモノたちはどのような特徴を共有していて、どういう特徴は違っているのかを探っている。それは、新しいことばを聞いたときに、そのことばを他の状況で使っていくための手がかりとするためである。形ルールは、その結果、子どもが自分で発見したものなのである。

ちなみに、形ルールは「スキーマ」である。ことばを学習する経験からことばとはこういう決まりで成り立っている、いま聞いたことばは、形を手がかりに他のモノにも使えるという、ことばの学習についてのスキーマを子どもはつくったのである。新しいことばが使える範囲を決めるためのこのような手がかりを発見し、スキーマをつくると、すぐにそれを新しいことばを覚えるために使う。形が似ているモノを見るや、すぐにその形ルールを使ってことばの意味の範囲を推論し、それを記憶する。そして、さらに新しいことばを覚えていく。実験からわかったのは、子どもが知らないことばの意味を自分で考えて覚えていき、語彙を成長させていくときの、そのような構図である。実際、子どもは形ルールを使って、新しいことばを平均すると一日一〇語くらいのペースでどんどん覚え、語彙を爆発的に成長させていくのである。

子どもは耳にする言語をただ「聞き流す」のではなく、つぶさに分析して、語彙に潜むパターンを発見し、ことばの学習についてのスキーマをつくる。スキーマによって学習は加速する。言い換えれば、語彙の学習で、もっとも大事なことは、一つひとつの単語の意味を覚えることに留まらず、新しい単語の意味をすばやく推測し、語彙を増やしていくための「学び方の学び」を学習することなのだ。

3　知識のシステムを構築する

システム構築の謎

ことばの意味を学ぶということは、一つひとつの単語が指す対象の一つを知るだけでは不十分である。ある単語をきちんと使うためには、その単語が指し示す意味の範囲を知らなければならないからである。しかし、単語の意味の指し示す範囲は、一つの単語それ自体では決まらず、それぞれの単語の境界はその領域に属する他の単語との関係によって決まる。

例えば「アオ」という色の名前の範囲は、「アオ」と隣り合う色である「ムラサキ」や「ミズイロ」「ミドリ」との境界で決まる。日本語の「着る」という動詞の意味を理解し、慣習に則して使うためには、「着る」「履く」「かぶる」「つける」などの違いがわからなければならないはずである。

つまり、語彙は膨大な数の単語からなるシステムなのである。システムとしての語彙を身につけるためには、単語単体の意味を学ぶだけでは不十分である。単語同士の関係を学び、システムをつくっていく必要がある。その中で、似ている単語同士がどう違っていて、その二つの単語の境界がどこに引けるかを知ることはとくに大事である。子どもはどのように単語同士の関係を学び、システムを構築しているのだろうか。

違う単語は違う意味を持つという思い込み

大人でも日常生活で自分の知らない新しい語に触れる機会がしばしばある。例えば、目の前にネコがいるときに、あなたの友人が「あ、カヒグがいるよ」と言ったとしよう。あなたはいぶかしく思い、「目の前にいるのは自分の知る限り、どう見てもネコだ。なのに、なぜ友人は「カヒグ」なんて呼ぶのだろう?」と考えるだろう。そして「このネコは飼い主に「カヒグ」

という名前を付けられたネコなのだろうか？」とか、「ネコの中でも「カヒグ」という種のネコなのだろうか？」、あるいは「まさか自分の知らない新種の動物なのだろうか？」などのように考えるのではないか。

つまり、あなたは自分が知っている「ネコ」という概念と対比しながら、新しい「カヒグ」という語の意味を考えるだろう。これは大人が、ことばについての大事な性質、つまり、一つの単語は別の単語と区別される意味を持つ、ということを知っているからだ。

知っていることばと関係づける

ことば同士の関係にはどのようなものがあるか？　まず「対比の関係」がある。「ネコ」と「ウサギ」、あるいは「リンゴ」と「バナナ」は、互いに対比的な関係にある。「ネコ」のカテゴリーに入るモノは「ウサギ」ではないし、「リンゴ」と呼ばれるモノは「バナナ」ではありえない。

それに対して「動物」や「ペット」は、「ネコ」も「ウサギ」も「イヌ」も含む、より包括的なカテゴリーである。それに対して「アメリカンショートヘア」や「チワワ」はそれぞれ「ネコ」「イヌ」のカテゴリーに含まれる特定の種類のネコ、イヌを指す。

子どもが今まで聞いたことがない、新しいことばを聞いたとき、そのことばと結び付けられる対象はいつも、いままでに見たことがない、未知のモノだとは限らない。「バナナ」を指しているのに「果物」と言われることもある。目の前にあるのは「リンゴ」なのに「フジ」ということばを聞くこともある。つまり、子どもは「バナナ」と「果物」がどのような関係なのか、「リンゴ」と「フジ」がどのような関係にあるのかも見極めなければならないのである。

子どもはここでもあれこれ迷わない。二歳くらいになると子どもは、さきほど述べたように、二つの違うことばがまったく同じ意味を持つことはないという、語彙の一般的な性質に気づくようになる。これも語彙についてのスキーマである。

知らないモノに対して知らない単語を聞くと、子どもたちはそれを普通名詞だと考えて、それと形が似た他のモノに対してもそのことばを使う。しかし、例えば「ペンギン」のように、すでに知っている動物をターゲットにして、「これはヘクというのよ」と知らない名前を教えられると、子どもは、「ヘク」とはターゲットの「ペンギン」に与えられた特定の名前、すなわち固有名詞だと考える。つまり、二歳くらいの子どもは、「ヘク」は「ペンギン」とは違う意味のことばだと考えるのである。

それだけでなく子どもは、動物は固有の名前を持つが、人工物は固有の名前を持たないと知っている。ターゲットを、すでに名前を知っている人工物、例えば「コップ」に替えて、「これはヘクというのよ」と教えてみる。すると今度は、「ヘク」を固有名詞だとは考えずに、「紙コップ」のように、一般的な「コップ」よりも狭い範囲の意味のことばとして「ヘク」を解釈する。二歳くらいになるとすでに子どもは、「ペンギン」や「ネコ」のような動物には「ポチ」や「タロー」のような固有名詞の名前がつくことを知っている一方で、「コップ」や「ボール」のような人工物には「ポチ」や「タロー」といった固有名詞はつかないと知っていて、その知識をはじめて聞く単語の意味を推測する時に使うのである。

知っていた語の意味を修正する

子どもの推論した意味がいつも正しいとは限らない。例えば、「クジラ」ということばを知っていて「イルカ」ということばを知らない子どもがいるとする。この子どもがイルカを「クジラ」と呼ぶことは十分考えられる。実際、そのような例は枚挙にいとまがない。例えば、一歳台の子どもが、ことばを話しはじめたとき、イヌを「ワンワン」と呼ぶだけではなく、ネコもウシもライオンも「ワンワン」と呼ぶことは頻繁に見られる。

名前を知っている(と子どもが思っている)モノに新しい名前をつけたとき、その名前がもともとの名前のモノの特定の種類を指す場合もあれば(チワワでもあり、イヌでもある)、それと対比の関係にある(イルカであり、クジラではない)場合もある。

子どもはこの二つの場合を区別して、新しいことばとすでに知っていることばとの関係を考えなければならない。そして、実際、子どもは新しいことばを聞くと、そのことばの意味を考えるだけでなく、そのことばと関係する、すでに知っていることばの意味もいっしょに考える。また、必要があれば、すでに「知っていた」ことばの意味を修正し、アップデートもする。それが次のような実験でわかった。さきほど述べた「コップ」の例と同じように、今度は「ボール」ということばを知っている子どもに対して、「これはヘクというのよ」と教えてみたのである。

この実験に参加してくれた子どもたちは二つのグループに分けられた。グループ1の子どもたちには、さきほど紹介した「ネケ」の実験と同じように、よくある球形のボールを指差して、「これはヘクというのよ」と教えた(図2-2)。一方、グループ2の子どもたちには、あまりボールらしくない形をしたモノ(卵型のボール)を指差して、「これはヘクというのよ」と教えた(図2-3)。どちらのグループの子どもも、「これはヘクというのよ」と新しいことばを聞く前には、ターゲットのことを「ボール」と呼んでいた。

このとき用意したモノは、①「ヘク」と教えられたターゲットと形も模様もそっくりのモノ、②名前をつけられていない球形のモノ（典型的なボールの形をしたモノ）、③ボールとは呼べないモノ（靴）である。そして、ターゲットを指差して「これはヘクというのよ」と知らないことばを教えた後に、「じゃあ、ヘクはどれ？」と子どもに尋ねた。同時に、「ヘク」ということばが①から③のどのモノを指すかも聞いてみた。

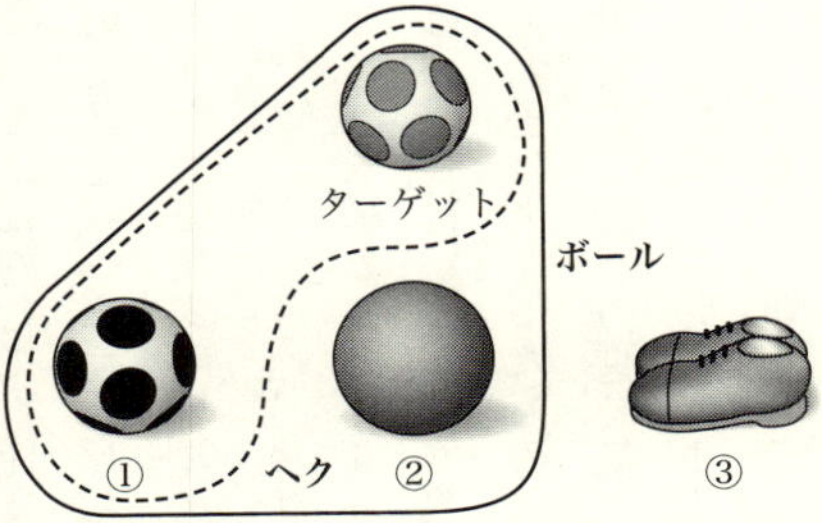

図 2–2　「ヘク」はどれ？　グループ 1 の子どもが見たセット（Haryu & Imai, 2002 より）

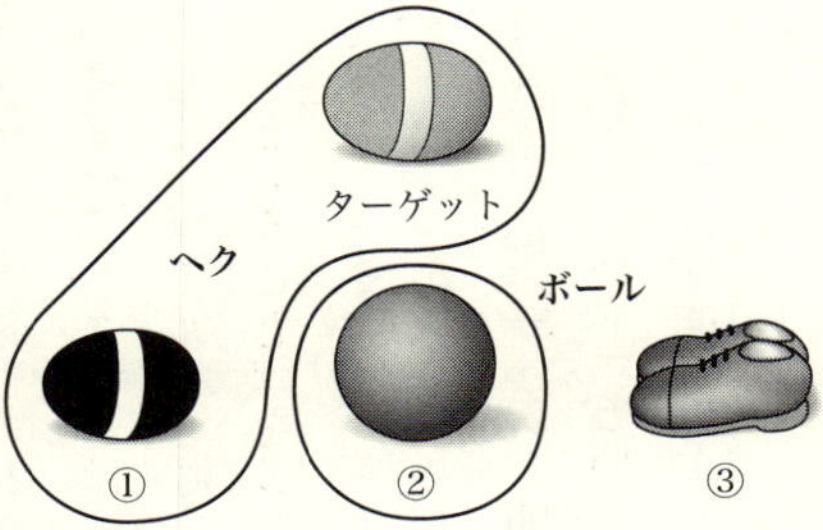

図 2–3　「ヘク」はどれ？　グループ 2 の子どもが見たセット（Haryu & Imai, 2002 より）

すると、二つのグループの子どもたちは異なる反応を示した。グループ1の子どもたちは、「ヘク」ということばを「ボール」の一種として解釈した。つまり、「ヘク」ということばは、ターゲットと似た形の①のモノに対してだけでなく、

②のモノに対しても使えると考えた。一方、グループ2の子どもたちは、同じ卵の形をした①のモノを「ヘク」と呼んだが、②のモノは「ヘク」とは呼ばなかった。しかもそれだけでなく、ターゲットである卵型のボールに対して「ボール」と呼ぶのをやめてしまったのである。

　グループ2の子どもたちは「ヘク」ということばを教わるまでは、ターゲットである卵型のボールを確かに「ボール」と呼んでいた。ところが、新しい「ヘク」ということばを知った後は、「それはヘクだからボールではない」と解釈をするようになったのである。つまり、モノの名前は形が似たものにつくという「思い込み」から、卵型のボールを「ボール」と呼ぶのに何となく収まり悪く感じていたところに、「ヘク」という新しいことばを教えられたことで、すでに知っていた「ボール」ということばの範囲を修正したのだ。

　子どもは、新しいことばを覚えると、そのことばをさらに新しいことばの意味を推測するために使う。また、すでに知っていたことばの意味の修正にも使う。子どもは一つひとつの単語の意味を考えるとき、単語はいつも他の単語と関係づけられるものだと意識している。言い換えれば、子どもは小さい時からすでに、単語は語彙というシステムの中の要素であることを理解している。その上で、新しい単語を聞くたびに、そのシステムの中で整合性がとれるように単語の意味を理解しようとしているのだ。

子どもが母語をすぐに使えるようになるのは、言語に関するどのような知識であれ、その知識がシステムであることを想定し、その端緒を自分で見つけ、知識の増やし方を見つけながら、統合されたシステムをつくり上げているからなのである。

4　概念の創出

ことばから新たな知識をつくる

ことばを覚えることは、単にコミュニケーションの道具を得るということに止まらない。子どもはことばを覚えると、そこから今まで持っていなかった概念——とくに直接目で見ることのできない抽象的な概念——を自分で創り出す。その例のひとつが、数を表すことばを覚えることによる「数の概念」の創出だ。

数は量とちがう。量は、多いとか少ないとか、見た目や重さで感覚的に捉えることができる。しかし、数を表すことばは、常に特定のことばが正確に特定の数を指す。数はまた、非常に抽象的な概念でもある。ある皿にはバナナが八本載せてあり、別の皿にはバナナが九本載せてある。もう一つの皿にはクッキーが八枚ある。このとき、パッと見て似ているのは、バナナが載っている二つの皿だ。しかし、数として同じなのは、バナナ八本とクッキー八枚である。数を表すことばを覚える前の乳児でも、三つくらいまでなら、数の違いを認識することができる。しかし、四つ以上になると、「たくさん」という「量」として捉えてしまう。つまり、四と五や、五と六が「違う数」であるということを理解していないのである。

子どもは二歳くらいから「ひとつ」「ふたつ」、あるいは「いち」「に」という数のことばを話しはじめる。しかし、この時期の子どもは「に」「さん」「よん」が数を表すということを知っているが、それぞれの数のことばの意味をきちんとは理解していないことが多い。「に」ということばは、必ずしも二個のモノに対応せず、「さん」は三個のモノに対応していない。

子どもは最初に「いち」あるいは「ひとつ」が一個のモノに対応することを学ぶようだ。つまり、「いち」の意味を最初に獲得する。この時点では「に」は正確に「二」ではなく、「一よりも多い数」という意味で捉えられている。しばらくして、二歳半から三歳くらいになると、「に」は「一と二」、つまり二個のモノの集合と結びつく。つまり、「に」ということばは、大雑把な「一よりも多い数」という認識が変わって、正確に二個のモノに対応づけられるようになる。

それから数カ月すると、子どもは「さん」の意味も、「一つのモノ、もう一つのモノ、まだもう一つのモノ」の集合を意味することに気づき、さらに「に」にもう一つのモノが加わった集合であることに気づく。つまり、ここで「に」は「いち」よりも、きっかり一つ多く、「さん」は「に」よりきっかり一つ多いという認識を獲得する。

しかし、「いち」「に」「さん」で終わらないのだ。子どもは、それぞれの数のことばが正確にモノの数に対応することをひとたび理解すると、今度はそれが数すべてについて当てはまることを見抜く。八と九だろうが、八〇〇と八〇一だろうが、それぞれ、見た目にはすぐに区別がつかないモノの集合を表す数はそれぞれちがう数を示す、ということが理解できるようになるのである。

つまり、数のような抽象的な概念でも、ことばを足がかりにしてパターンを学び、「数というものについてのスキーマ」をつくる。そしてそれをさらに「数一般」のような抽象的な概念にまで発展させる。言い換えれば、ことばを学ぶと、ことばの間に潜む抽象的な関係に気づき、そこから数のような抽象的な概念が理解できるようになる。ここでも学んだ知識をベースに新しい概念を学び、創り出すということを、子どもは行っているのである。

とくに、乳児の数に対するこのような理解の仕方はとても興味深い。世界の言語の中で、じつは数の名前を一、二、三くらいまでしかもたず、三つ以上は「たくさん」のようなことばになってしまう言語もあるからである。これらの言語では、モノを離れた抽象的な数という概念は存在しないそうだ。このことからも、数のことばが量とはちがう「数」という抽象概念を創出しているということがわかる。

誰もができる生きた知識の学習

ここまで「学び方を学ぶ」ということについて述べてきた。学習をしながら学習の仕方を学び、同時に知識を増やしていく。学習した知識は新しいことの学習にすぐに使われる。子どもは、特殊な事情がある場合を除いて、誰でも言語という複雑を極めた巨大な知識のシステムをつくり上げることができる。これは人間が、いかにすぐれた学習能力を持った生き物なのかを端的に示している。「生きた知識の学習」は特別な人だけができる特別なことではなく、誰でも当たり前にしていることなのだ。

しかし、知識が学習にとってマイナスになることもある。繰り返し述べてきたように、人は自らスキーマをつくり、そのスキーマのフィルターを通してものごとを観察し、解釈し、考え、記憶する。ただし、スキーマは経験的につくられた、いわば「思い込み」でもある。そのため、いつも正しいとは限らない。

さきほど、子どもはとりあえず暫定的に理解していた単語の意味を柔軟に修正することができると述べた。しかし、ものごとを捉える枠組みであるスキーマが誤っていると、学習は難しくなる。このことは、どのような分野においても起こりうることだ。熟達した学び手になるためには、人はしばしば誤ったスキーマ、つまり「思い込み」という知識を克服し、乗り越えていかなければならない。次の第3章では、そうした思い込みがどのように学びを妨げているのかを考えていく。

第3章　乗り越えなければならない壁

──誤ったスキーマの克服

子どもは身の回りに起こっていることを、ただぼんやりと眺めているわけではない。生まれたときから、自分が観察した出来事や経験を自分なりにつじつまがあうように理解したいという強い欲求を持っている。この本能的欲求に導かれて、自分が観察する様々なできごとについて、そのできごとが起こるときにはどのような規則性があるのか、どのような因果関係でそれが起こるのかということを納得しようとする。その結果、生まれるのが「スキーマ」である。

ただし、スキーマというのは、「たいがいはこれでうまくいく」というような経験則のようなものであり、必ず正しいとは限らない。現象の法則を科学的に導く過程とは、様々な要因、とくに直接目で見ることができない要因の間の関係を考慮し、検証していく過程だ。子どものつくり上げるスキーマはほとんどの場合、そのような複雑な要因を考えることはせず、目立つ特徴のみに頼って直観的につくり上げた「思い込み理論」というべきものである。

子どもはその思い込み理論のフィルターを通して現象を眺め、それに合った情報を取り込み、スキーマに合わない情報は無視する。では、スキーマが「思い違い」だったらどうなるのだろうか。

1　赤ちゃんでもわかる物理法則

まず、自分が目にする外界の様々な現象に対して、子どもはどのようなスキーマを持っているのかというところから説明しよう。

「力学」の理解

乳児は、ことばを発話しはじめるずっと以前から物体の物理的な性質について、直観的理解を持っている。例えば、モノの運動について以下のような基本的性質を理解しているということが、これまでの研究から明らかになっている。

（1）物体はそれ自身では動かず、他の力によって動かされない限り、同じ場所に存在しつづける。

（2）物体は自分の視界からなくなっても、その物体は消失しない。

（3）物体は別の物体を通り抜けできない。（ある物体が壁などに突き当たった場合、壁に穴をあけて突き抜けない限りは壁の前で運動が止まる。）

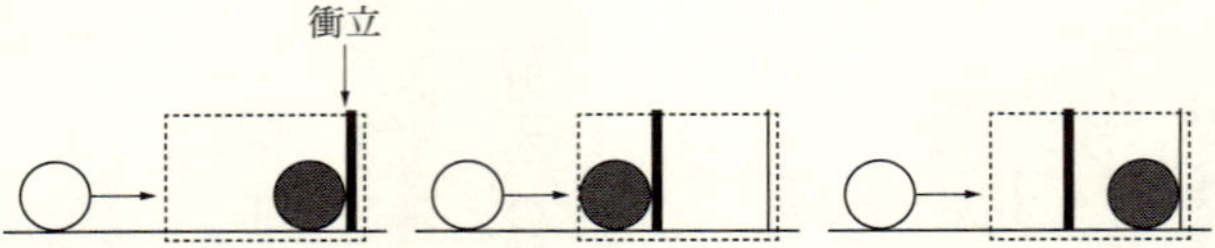

図 3–1　乳児が持つ運動の基本原理(Spelke, 1990 より改変)

（4）物体は他の力を加えられない限り、自分自身でその形を変えることはない。
（5）一つの物体は全体がまとまって同時に動く。(物体の一部をつかめば全体がついてくる。)
（6）物体の運動は、連続的な軌跡をとる。(ワープなどしない。)

例えば、(3)の性質については以下のような実験でわかった。生後二カ月の乳児に図3–1のようなシーンを見せた。台の上に衝立がある。衝立があるのを見せられた後、スクリーンが上がり、衝立は隠されてしまう。ここで、ボールが衝立の方に向かって転がるシーンを見せられるが、衝立はスクリーンの陰で見えないので、そこでボールが止まるところは乳児には見えない。これを何回も見せられると乳児はこのシーンに飽きてもう見ようとしなくなる。これを「馴化《じゅんか》」という。

馴化後、テストが行われる。テストではボールが転がってスクリーンの裏に動いていった後、スクリーンが取り払われる。起こっていることが法則と一致した「一致条件」の乳児はボールが衝立の手前にあるのを見る(図3–1

中央）。法則に反したシーンを見せられる「不一致条件」の乳児は、ボールが衝立の反対側にあるのを見せられる（図3-1右）。

もし乳児が（3）の法則を理解していたら、一致条件では馴化の時に予測していたとおりのことが起こっているわけであるから、すでに飽きてしまって、このシーンをこれ以上見ることはないだろう。しかし、「不一致条件」の乳児は予測が裏切られるため「飽き」から回復し、「一致条件」の乳児よりシーンを長く注視するはずである。そして実際に、不一致条件の乳児だけが「飽き」からの回復を見せ、シーンを注視したのである。

モノの存在についての理解

第2章の最後で、数のことばを覚える前の乳児でも、三つくらいまでなら数の違いを認識することができると述べた。それだけではなく、三つくらいの数なら、生後五カ月の乳児が足し算と引き算ができることが、次の実験からわかっている。

生後五カ月の乳児に、図3-2のような人形劇の舞台のようなものを見せる。そこでは、まず人形が一つ、ステージに置かれる。次にスクリーンが立って、人形は隠される。そして舞台のそでから手が人形を持ってスクリーンの後ろに入ってきて、空の手が戻る。そこで舞台を隠

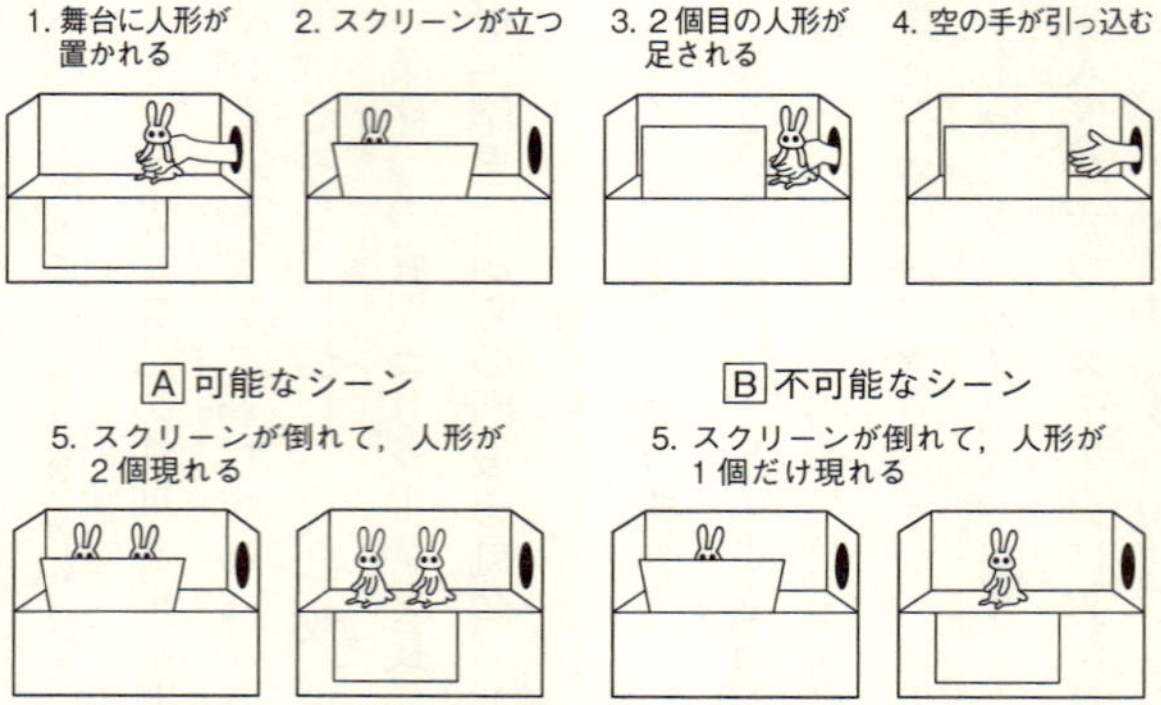

1. 舞台に人形が置かれる
2. スクリーンが立つ
3. 2個目の人形が足される
4. 空の手が引っ込む
A 可能なシーン
5. スクリーンが倒れて，人形が2個現れる
B 不可能なシーン
5. スクリーンが倒れて，人形が1個だけ現れる

図 3-2　乳児も足し算ができることを示した実験
（Wynn, 1992 より改変）

していたスクリーンが倒れる。

乳児は二つのグループに分けられる。半分は「可能なシーン」を、残りの半分は「不可能なシーン」を見せられる。「可能なシーン」条件の乳児は、人形が二個あるのを見る。「不可能なシーン」では、舞台には人形は一個しかない。もし最初にステージにあった人形がスクリーンで隠されても存在しつづけると乳児が信じ、さらに人形を持った手が今度は空で戻ってきたことから二番目の人形はスクリーンの後ろに置かれたと考えたら、舞台には二個の人形があると推論するはずである。それに対し、自分の見えないところで何が起こっているのかをまったく考えず、「見えない人形はなくなったのだ」と単純に考えるなら、人形が一個でも二個でもまったく気にしないはずだ。

不可能なシーンを見せられた乳児は、可能なシーンを見た乳児よりもステージを長く見つめた。つまり、乳児は、自分の視界から人形がなくなっても人形の存在を記憶している。言い換えれば、そこにあるべき人形の数を考える能力があるのである。

2 誤ったスキーマ

数についての思い込み

今度は誤ったスキーマにどのようなものがあるか見ていこう。

子どもは、「いち」「に」「さん」くらいの数のことばを覚えると、数のことばがだいたいの量を表すのではなく、「正確な数」に対応することを自然に理解できると第2章で述べた。しかし、これは子どもが、数というものを自然数としてのみ理解していることを意味する。

「数は自然数」というスキーマはもちろん誤りである。1と2の間、2と3の間、nとn+1の間に無限の数が存在する。しかし、1と2の間に存在しうる無限の数は日常的な観察では経験することができないものである。

子どもは一般的に割り算が苦手だ。足し算、引き算、掛け算まではそれほど苦労しなかったのに、割り算でつまずき、算数に対して苦手意識をもってしまう子どもが非常に多く存在する。これは、割り算の前提とする概念が「数＝自然数」というスキーマと矛盾するからなのだ。単なる計算のしかたとしてではなく、概念として割り算を理解するためには、生まれてからずっと自然に培ってきた思い込みを壊して、「数」の概念の土台からつくりなおさなければならないのである。

「数はモノに対応する自然数である」という誤ったスキーマは、割り算の理解を難しくするだけでなく、比や割合、密度の概念などの理解も困難にする。

小さくて軽いと重さがない？

私たちはモノの重さを手に持って感じることができる。見た目からもある程度判断できるが、見た目でだまされることもしばしばある。石そっくりにつくった発泡スチロールを手にとったとき、思っていたよりずっと軽くて子どもはびっくりする。

非常に小さいモノ（例えば、砂の一粒や塩ひとつまみ）は、手にとってもほとんど重さを感じることがないが、体積も重さもあることを大人は知っている。しかし子どもは、重さを感じられないほど小さくしてしまうと、そのモノの重さはなくなってしまうと考えがちだ。ある実験では、四歳から一二歳までの子どもに小さな鉄の塊を見せ、「これを半分にしたら、まだ重さはあると思う？」と聞いた。子どもは鉄の塊なら、半分になってもまだ重さはあると言う。しかし、それをずっと半分にし続けてしまったら、最後には粒になってしまう、そして粒には重さも体積もないと思う子どもが一二歳でも大勢いたのだ。

一方、発泡スチロールだと「そもそも最初から重さがない」と考える子どもが多い。この実験でも、四歳児の約七〇％は、発泡スチロールの大きな塊でも重さがないと答え、小さいかけらになると六歳でも一〇〇％の子どもが「重さがない」と答えた。さらに、どんどん半分にしていって目に見えないくらい小さくなってしまったらどうなるか、と聞くと、半分くらいの子どもは、「重さがなくなり、体積もなくなる」と答えた。モノがどんどん分割されて目に見えなくなってもまだ重さがあり、体積があるということが、子どもには納得できないのである。

密度は子どもにとって最も理解が難しい概念のひとつである。密度は大きさや重さにかかわらず、物質それぞれで不変である。つまり、五センチメートル角の鉄の塊も、五ミリメートル角の鉄の塊も密度は同じである。これが子どもには納得できない。子どもは経験から、大きいものは重く、小さいものは軽いと思っている。

密度は重さを体積で割ることにより求める。割り算が苦手だと、それだけで密度の理解のハードルが高くなる。一般的には、密度の問題は割合や比率の延長として扱われる。計算のしかたは教えられるが、密度の概念自体が丁寧に説明されることはあまりないように思う。密度の問題に子どもが手こずっていると、「公式をちゃんと覚えなさい」と言われることが多い。しかし、密度が難しいのは、公式を覚えられないからではない。根本的に誤ったスキーマを子どもが持っているため、「正しい」公式を教えられても頭の中を素通りしてしまうのである。

密度はそもそも、直接目で見たり、手で持ったりして感覚的に経験することができない概念だ。子どもは、鉄は「重い」と思い込んでいるが、鉄粒一つは重さを感じないほど軽い。重さを感じる大きい鉄の塊と、重さを感じない小さな鉄粒に共通の属性があり、小さい粒も大きい塊と同じように水に沈む。これは大きく直観と反することで、体積が大きくても小さくても、同じ種類のモノは同じ密度であるということ自体が子どもにとっては納得できないことなのである。この問題はモノの浮き沈みの理解の難しさにもつながっている。小学五年生くらいでも、リンゴ一個丸ごとは水に沈み、リンゴのかけらは浮くと思っている子どもが多い。

「ゼロ」に対する誤信念

さきほど述べたように、目に見えない小さいかけらは重さがないという思い込みは、数に関するスキーマと深いところでつながっている。子どもは数をモノに対応した自然数だと思っていることをすでに述べた。ここには、ゼロという概念はない。そもそも一よりも小さい数が存在するということ、〇・一と〇という数はまったく違うこと、一を何度分割しても、決して〇にならないことを理解することは容易でない。ゼロの意味が理解できていないので、モノを分割しつづけてどんどんその体積が小さくなっていったときに、体積も重さも決して無、つまりゼロにはならないということが理解できない。

このように、多くの子どもがつまずく概念では、一つの概念だけの中で閉じた単純な誤認識ではなく、ほとんどの場合、互いに深く関連した概念が絡まり合って誤った思い込みが形成されているのである。

地球は平ら

日常生活で観察する地球は地面が平らである。地球が球形であることは、日常生活の中では実感できない。球形のモノで子どもに馴染みがあるものは、何といってもボールだ。ボールの上にモノを置いたら、モノはすべって落ちてしまう。

他方、子どもは大人から「地球は丸い」という話を頻繁に聞く。子どもは日常生活での実感

図 3-3 地球はどんな形をしている？ 子どもが描いた地球のモデル（Samarapungavan et al., 1996 より）

と大人の言う話の間の矛盾にどう対処しているのだろうか。小学校低学年の子どもに「地球はどんな形をしている？」と聞く。すると子どもは「丸い」と答える。今や地球が丸いという事実は知っている。

しかし、子どもは地球の形が「丸い」ということを納得しているわけではない。ある実験では、子どもに地球の絵を描かせた。図3-3は子どもが描いた絵の例である。子どもになぜそういう絵を描いたのか、実験者が詳しく聞いていくと、以下のように答えた。小学五年生の女子と小学一年生の男子の例である。

・小学五年生女子の場合

実験者 地球はどんな形をしてるの？

五年生　地球は丸いけど、私たちには平らに見えるの。
実験者　なぜ？
五年生　ぐるっと見渡すと丸いから。
実験者　じゃあ、地球の形は本当はどうなっているの？
五年生　丸いの。厚いパンケーキみたいに。

・小学一年生男子の場合
実験者　ずっとまっすぐまっすぐ歩きつづけたら、どこに行っちゃうと思う？
一年生　地球の端っこに行っちゃうと思う。
実験者　君は地球の端っこに行けると思う？
一年生　行けないいんじゃないかな？
実験者　じゃあ、うんといっぱい食べ物を持って、ずっとずっと歩きつづけたらどうかな？
一年生　たぶん行けるかも。
実験者　そしたら、地球の端っこから落ちちゃうと思う？
一年生　ううん、落ちない。地球の外側にいたら落ちるかもしれないけど。僕たちは地球の内側にいるんだから落ちない。

地動説より天動説

多くの子どもはまた、理科の授業などで地球が太陽の周りを回っていること、つまり地動説を教えられた後も、天動説を信じている。日常的に、太陽は朝昇り、夕方沈む。支えのない物体は空中にとどまっていられず、地面に落ちてしまう。この観察から得られた宇宙のイメージは、地球が球形で、太陽の周りを公転しているという地動説と矛盾する。このため、地動説を教えられても受け入れることができず、地球は、ほんとうは水に浮かんでいると考えている子どもも多くいる。

ある研究者の調査では、六〇％以上の子どもが「地球が太陽の周りを回転している」と言った。しかし、その子どもが持つ宇宙のイメージでは、宇宙の中心は地球なのだ。定位置に静止している月と太陽の間に地球があって定位置で回転しており、それによって夜と昼ができると考えているのである。

このように、子どもは自分なりの思い込み理論で地球と太陽、あるいは宇宙との関係に整合性を見出している。学校で教えられても、なかなかこの思い込みを克服できない。いったん自

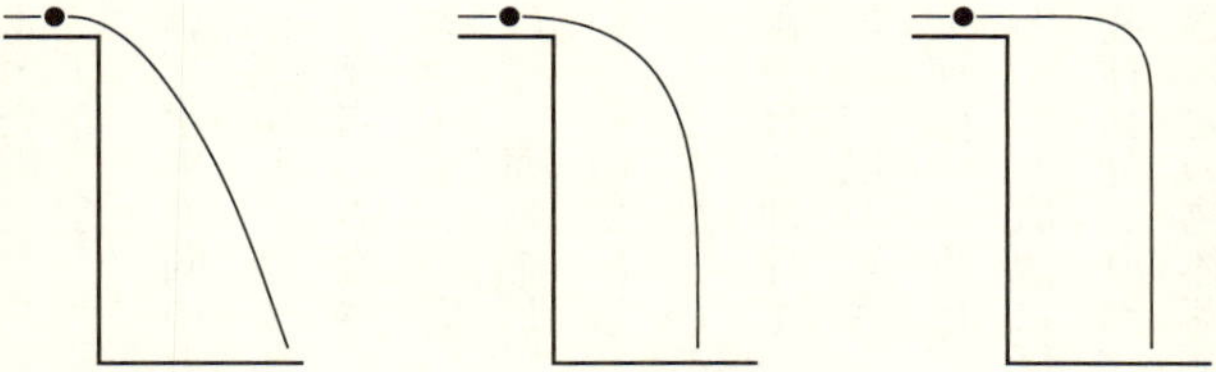

図3-4　崖から落としたらどんな軌跡を描く？（McCloskey, 1983より）

分でスキーマを作り上げると、そのスキーマに合わないことは、いくら説明されても無意識に無視するか、スキーマに合わせる形で説明を捻じ曲げてしまうことが多い。つまり、スキーマが学習を妨げる軛《くびき》になってしまっているのである。

3　思い込みの落とし穴

大人になっても直らない思い込み

ここで図3-4の問題を考えていただきたい。地上を動いていた物体が崖から落ちた時にどのような軌跡をとって落下するだろうか。正しい答えはA、B、Cのどれだろうか？　正解はAである。しかし、Bと思った人もいるのではないだろうか？

この実験はアメリカの有名大学で一九八〇年代に行われた。正解率は七〇％程度で、三〇％の人は不正解のBを選んだ。Bを選んだ人にインタビューをしたときの典型的な答えは、次のようなものであった。

「ボールが崖を離れたときは慣性の「力」(つまり水平方向の「力」)は垂直方向の力よりも大きい。水平方向の力が減衰しはじめる時、ボールは下方向に落ち始める。最終的に水平方向の力が消滅し、ボールは真下の方向に落ちていく」

読者のみなさんの多くは「慣性の法則」について高校の物理などで学んだことがあると思う。ニュートンの第一法則(慣性の法則)は、「力が働いていなければ静止している物体は静止をつづける。運動をしている場合には、その運動を維持し、同じ方向に直線的に運動しつづける」というものである。静止している物体が勝手に動き出さないことは日常的に経験でき、直観にも合うことだ。しかし、「運動している物体は同じ速さで、同じ方向に運動をつづける」という部分は、地球上の日常の環境で観察されることはほぼありえない。地表に向かって重力が働くほか、風の影響や空気の摩擦などがあるからである。

運動中の物体が、「力」の存在なしに慣性で動きつづけることは、子どもだけでなく大人にとっても直観に反することなのだ。大人であっても「運動を始めさせた外的な力は、その後も物体に加わりつづけるが、その力は次第に減衰して最終的に消滅する」と考えがちである。さきほどの物体落下の問題を解いた大学生の発言でも、それが如実に表れている。Bを選ぶのは、水平方向に働いていた「力」がある地点で消滅して、そこから直下に落下するようになるという考えが背後にあるからだ。

今度は図3–5の問題を考えてほしい。コインを投げ上げた時に上昇中の●で示された地点でかかっている力を正しく表すものはA、B、Cのどれだろうか？　正解はBである。しかし、Cを選ぶ人が圧倒的に多い。私は授業で毎年この問題を大学生に出すが、結果は毎年同じで、二〇％前後はBを選び、七五％の人はCを選ぶ。理由を聞くと、「コインを投げ上げると、重力と上向きの力がともに働く。その力が重力より大きいうちは、コインは上昇運動する。しかし、この力は次第に減衰し、やがて重力に負けてしまう。すると、コインは落下しはじめる」という答えが返ってくる。

この問題はさきほどの崖から物体が落ちる時の軌跡の問題と本質的に同じである。ただし、こちらの問題はさらに正答率が低い。物体を動かす時にかけた

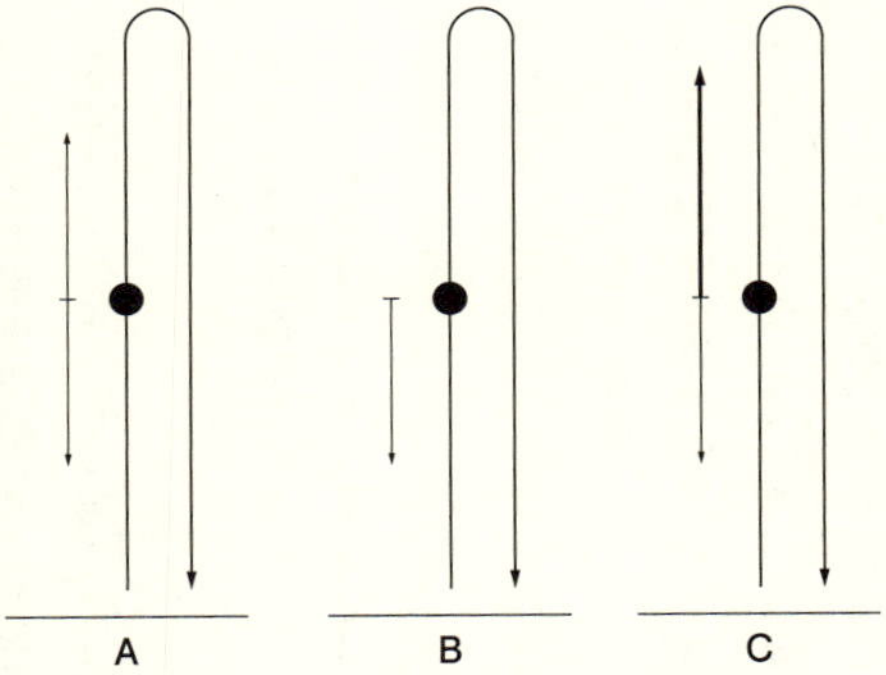

図3–5　コインにはどんな力がはたらいているか？（Clement, 1982 より）

「力」がそのまま持続し、やがて他の力（つまり重力）に負けるという、子どものころから持っている思い込みは非常に強固なのである。

ガリレオも誤解していた

じつは「力が物体の運動を可能にする」という考えは、中世では立派な科学理論であった。かのガリレオ・ガリレイも、初期には現代の学生とまったく同じ考え方をしていたことが記録からわかっている。ガリレオはこのように書いている。

その物体はその重さよりも強い力が働いている限りは上方へ運動する。しかし、力はどんどん弱くなっていき、最後には物体の重さを克服できないほど衰退する。すると物体は落下をはじめる。その時点ではまだ、上方向に物体を運動させる力が幾分か残っているが、力はどんどん弱まっていき、物体の落下の速度はどんどん速くなっていく。

Galilei, G., *De Motu*. I. E. Drabkin & S. Drake (tr. & Eds.) p. 89 より

人類は古《いにしえ》からガリレオ、コペルニクス、ニュートンの時代になるまで天動説を信じ、「力↓

運動説」や天動説についての精緻な科学理論をつくりあげてきた。近代になってようやく、それらの理論が誤りであることを科学者たちが発見した。それから数世紀が過ぎて、現代の私たちは子どものときから「正しい」科学理論を教えられる。しかし、教えられたからといって、子どもは(そして大人の多くも)正しい科学理論をすんなり受け入れているわけではない。

理科系の大学生の四分の三以上がコイン投げの問題で誤答した。この話にはつづきがある。アメリカの大学で行われたもともとの実験に参加した学生たちは、その後の一学期の間、物理の授業を受け、慣性の法則についてもみっちり勉強した。その上でこの問題を再び解いたところ、そのときでも正解率は二八%にすぎなかったということである。

4　母語のスキーマと外国語学習

思い込みの知識が学習を妨げる

第2章で述べたように、子どもが母語を学習する際に、母語について様々なスキーマをつくりあげ、学習を加速させていく。形ルールをはじめとしたスキーマは誤って使ってしまうと、学習の妨げになるはずだ。しかし、どういうわけか、子どもが母語を学ぶときには、このことはまったく問題にならない。スキーマをいつ、どのように使うのかを子どもは心得ていて、思い込み知識にすぎないスキーマが学習の妨げになることはないのである。

しかし、外国語の学習の場合にはどうだろうか。形ルールのように、どの言語にも共通して使える思い込み知識はよい。ところが、母語と外国語の間にズレがあると母語についてのスキーマを外国語に適用すると外国語の学習を妨げてしまう。しかし多くの人は母語についての「思い込み知識」を持っていることを意識することすらほとんどないため、それを外国語の学習の時にも、同じように無意識に使ってしまうのだ。

外国語語彙についての誤ったスキーマ

最もわかりやすいのは、単語の意味の学習の時だ。子どもは母語の単語の意味を、直接教えてもらうのではなく、自分で考えて学習している。しかし、大きくなってから外国語の単語の意味を学習する時には、たいていの場合、辞書で与えられる母語の訳をその単語の「意味」として覚える。その時、実際には、外国語のその単語が、訳語として対応づけられた母国語の単語とまったく同じ範囲で同じように使えると思いこんでしまいがちだ。

例えば、日本語の動詞「着る」と英語の動詞「wear」とは同じ意味だ、と思っている人は少なくないだろう。しかし、「着る」と「wear」の意味は、それぞれのカバーする意味範囲のほんの一部が重なっているにすぎない。「着る」の対象は体の上半身を被う着衣に限定され、ズボン、くつ下などは「履く」し、帽子は「かぶる」し、指輪やアクセサリーなどは単に「つける」「する」と言う。一方、英語ではこれらはすべて「wear」の対象であるばかりか、化粧さえ「wear」の対象になるのである。

単に「着る」のほうが「wear」より範囲が狭く限定的であるだけかというと、そうとも限らない。例えば、「着る」は身につける動作と身につけている状態を両方表すが、「wear」は身に着けている状態のみを表し、身につける動作はまったく別の動詞「put on」を用いなければならない。

筆者が以前に行った調査では、日本人の大学生の多くは「着る」の対象をシャツ、ドレス、制服など「着る」の対象にのみ用い、指輪や帽子を対象に用いることには抵抗感を示した。その一方、英語ネイティヴの人がまったく間違っていると判断した「身につける動作」の意味での「wear」の使用(例えば、「Hurry up and wear your clothes quickly.」などの文)は正しいと判断した。つまり、日本人の大学生の多くはそれまでに最低六年間、英語を学んでいたにもかかわらず、「wear」のように日常的で非常に高頻度の動詞でさえ、その意味を正しく理解していないことがわかったのである。その原因は、「着る」と「wear」がまったく同じ範囲で同じように使える同じ意味のことばであると、無意識に想定しているからだったのだ。

スキーマの書き換えが必要

母語と外国語での語の意味の違いは単にそれぞれの単語の意味範囲が一致しないということにとどまらない。そもそも語彙の構造そのものが大きく異なることが多い。例えば、人の移動を表すのに日本語では「走る」「歩く」「ころがる」「すべる」など、限られた数の動詞でしか様態(動き方)の区別がない。それ以上に細かい様態の情報を言語表現に組み入れようと思ったら、「よたよた歩く」「ずんずん歩く」「足を引きずりながら歩く」「ぶらぶら歩く」「つま先立ちで歩く」など、副詞句で動詞を修飾するしかない。

一方、英語ではこれらに対して、「stagger」(よろめく)、「swagger」(ずんずん歩く)、「limp」(足を引きずって歩く)、「amble」(ぶらぶら歩く)、「tiptoe」(つま先立ちで歩く)など、それぞれの様態で歩く動作について独立した動詞が存在する。

音がする様子の表現も、日本語では音の種類自体を動詞自体で区別することはない。「ドアがキーと鳴った」「風がゴーという音をたてた」「かさかさと葉の音がする」など、「音がする」

「鳴る」といった限られた数の動詞をおもに擬音語で修飾する。それに対して英語は、音の種類そのものを意味の中に組み込んだ動詞が多数存在する。それらの動詞によってさまざまな音がする様子が表現される。

ちなみに「ドアがキーと鳴った」は「The door squeaked.」、「風がゴーという音をたてた」は「The wind roared.」、「葉がかさかさと音をたてた」は「The leaves rattled.」と表現される。日本語の「擬音語プラス音がする」表現がすべて一語の動詞として表される。

母語話者は母語について通常の辞書には書かれていない母語の語彙についてのスキーマをたくさん持っている。このような知識を自分が持っていることには気がついていないが、この知識（スキーマ）にもとづいて言語を操り、新しい単語の意味の学習をしているのである。

要するに、外国語の単語の意味をきちんと理解するためには、母語とは別に、その外国語でのその概念領域の意味地図をゼロからつくり直さねばならないのだ。科学の概念の学習でも、誤ったスキーマ克服は容易に起こらないが、外国語の学習では、ほぼすべての単語の学習においてそのプロセスを経なければならないのである。

5 誤ったスキーマの克服

外国語を学ぶときに母語のスキーマを克服することがどのくらい難しいか。筆者は日本人と韓国人で中国語を学ぶ学習者が、中国語で同じような意味を持つ複数の語をどのくらい中国語母語話者に近く使い分けができているのかを調べた。題材は、英語では「hold」という動詞で表される、「モノを手、あるいは体のどこかで支えて保持する」一連の動作を表す中国語の動詞群である。

図3-6を見てほしい。中国語では、英語ならばすべて「hold」として区別されずに表す動作を、どのような手の形で持つか、体のどの部位で支えるかによって、二〇以上の動詞で区別する。日本語は中国語ほどは細かくないが、英語よりは細かく「持つ」「背負う」「担ぐ」「抱える」などの動詞で区別する。

日本語を母語とする学習者がどの程度これらの動詞群(代表的な一三の動詞)を使い分けられるのかを調べた。三年以上中国語を学習し、一年以上中国に滞在して日常生活に不自由しないほど中国語を話せる学習者でも、動詞の使い分けのレベルは中国語を母語とする五、六歳の子ど

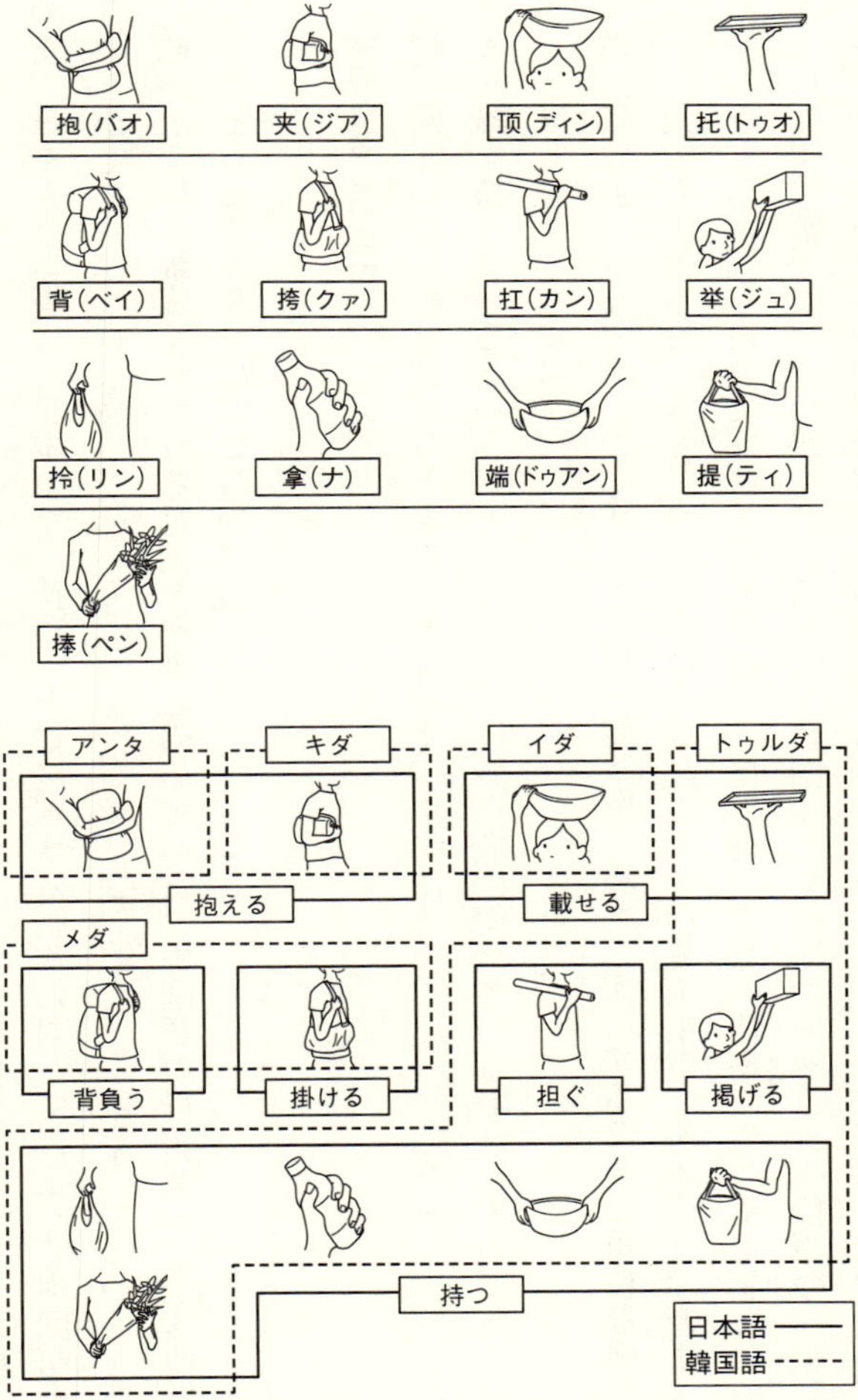

図 3-6　「hold」を表す語．上図：中国語，下図：日本語と韓国語
（今井むつみ『ことばと思考』2010 より）

ものレベルで留まっていた。その後、学習期間が長くなっても使い分けのレベルは向上しなかった。日本人学習者は、日本語で「持つ」とは区別する動作に対しては正しく中国語動詞を使うことができたが、日本語で区別しない一連の動作に対しては、「拿（ナ）」という「持つ」に意味が近く最も幅広く使われる動詞を過剰に用いていた。中国語の母語話者がする使い分けをほとんどしていなかったのである。

克服が難しい理由

何か新しいことを学習するときに、人は必ず、すでに持っている知識を使う。自分がそのような知識を持っているということに気づかずに無意識に使っている場合も多い。多くの「スキーマ」はそのような知識だ。

第1章で述べたように、「スキーマ」は情報を取り込み、記憶するために重要な働きをする。人は、大人も子どもも、スキーマに導かれて今起こっている出来事、あるいは学習すべき文章や映像などの行間を自分で埋めて理解する。人は理解できない情報を生のまま記憶に取り込むことは非常に苦手だ。したがって、スキーマに関連して容易に理解された情報のみが記憶され、スキーマに合わない情報は記憶されることがあまりない。スキーマは情報の取捨選択も行う。

スキーマに合った情報は注意しやすく、記憶されやすい。スキーマに合わない情報には注意が向けられず、したがって記憶もされない。

スキーマが誤ったものであると、何が起こるか。問題解決に必要な情報に目が行かず、関係ない情報にばかり注目してしまう。スキーマに合うように情報(あるいは学習するべきテキストの内容)を理解してしまい、それを記憶してしまう。その結果、誤った思い込み知識(誤認識)は、修正されるどころか、強化されてしまう。そういうことが繰り返されるので、誤ったスキーマの修正は難しいのである。

科学者でさえも、データから自分の仮説を疑うことは容易ではない。人は自分の信念と一致する現象に注目し、一致しない現象は無視しがちである。これを「確証バイアス」という。科学者も人である以上、確証バイアスを持つことは自然なことである。自分の仮説と一致するデータにはすぐに注目することができる一方、仮説と一致しない、あるいは矛盾するデータは見落としてしまうか、「実験の手続きのちょっとした間違い」と思ってしまいがちなのである。

子どもが小さいころから自分で世界を観察し、自分でつくりあげたスキーマを捨てて「正しい概念」を受け入れることは、科学者が自分の仮説を捨てて新しい理論にたどり着く過程と似ている。子どもがもともと天動説を信じていて、大人から「地動説が正しい」と言われても簡単に天動説を捨てられないのは、コペルニクスや一六世紀の人々が、それまで「正しい理論」だった天動説を捨てられなかったのと同じなのだ。言い換えれば、自分で培ってきたスキーマ、つまり「誤った思い込み理論」を捨て、大人から教えられる「正しい理論」、正確にいえば現時点では科学者によって「正しい」と考えられている理論を受け入れることは、子どもにとってコペルニクス的転換を迫られる革命的な出来事なのである。

誤ったスキーマをつくらないことは可能か

それならば、最初から誤ったスキーマをつくらなければよい、正しいスキーマを最初からつくれるように教育すればよいではないか、と読者は思われるだろう。しかし、それはできないのだ。スキーマは、人の自然な世界の認識のしかたを反映して自分でつくるものであるので、それをことばで直接教えることはできないからだ。それをつくらないようにすることもできないし、「科学的に正しいスキーマ」を子どもに直接教えることもできない。

母語に関するスキーマは、母語に潜む様々なパターンを子どもが自分で発見してつくりだすもので、母語を学習するためには絶対に必要なものだ。したがって、母語についてのスキーマをつくらないようにすることはできない。外国語のスキーマを子どもに教えることもできない。

そもそも、言語に関するスキーマは、そういう知識をもっていることさえ、普通の人は気がついていないのである。

両親のそれぞれが別の言語を母語とし、常にそれぞれの母語で子どもに話しかけるというバイリンガル環境にある場合には、子どもは二つの言語のスキーマを同時に学習することができる。しかし、母語と外国語の学習の時期に時間差がある場合、母語の学習を促進するためにつくったスキーマが外国語の学習のときに無意識に働くことがある。それを妨げることは困難である。（だからといって、上記のような環境にないのに、外国語の学習を誕生時から始めても、外国語を自分で使う必要がある時間が短い場合には、外国語学習のためのスキーマを子どもが自分でつくることは困難である。したがって、むやみに早く外国語学習を始めても、この問題を解決できるわけではない。）

誤ったスキーマを乗り越える

人が科学や外国語を学び、熟達していく上で大事なことは、誤ったスキーマをつくらないことではなく、誤った知識を修正し、それとともにスキーマを修正していくことだ。

「学ぶ」ということは、あることに熟達し、達人の道を歩んでいくことである。その道を歩んでいく上で、スキーマをつくることは欠かせない。たとえ誤っていても、知識のシステムを素早く立ち上げるためにスキーマをつくる。しかし、スキーマが誤っている場合には、その誤ったスキーマを乗り越え、新たなスキーマをつくり直す過程を踏まなければならない。

では、どのようなときにそれが可能になるのか。自分で自分の理論と矛盾する現象を経験して、自分の思い込み理論がおかしいことを納得できたときである。そのためには、まず、現象が自分の理論と矛盾することに気がつかなければならない。ただし、これはさきほど述べたように、科学者にとっても容易なことではない。

次の第4章と第5章では、熟達していくための認知過程についてさらに掘り下げていく。熟達に伴って知識はどう変わるのだろうか、そして脳の中ではどのような変化が起こるのだろうか。

第4章　学びを極める

――熟達するとはどういうことか

「学び」と「熟達」は表裏一体だ。私たちは熟達するために学ぶ。学ぶ過程は熟達の過程である。一般に、「熟達者」というと、将棋やスポーツ、芸術や伝統工芸など特別な分野での達人のことをイメージすることが多いだろう。しかし、すべての学びは熟達への過程をたどる。私たち人間はほとんどすべてのことを生まれてから学習によって身につける。身体を思いどおりに動かせるようになること、ことばを話すこと、様々な知識を習得すること、母語を学ぶことも、外国語を学ぶことも、文字を読むことを覚え、読書ができるようになることも、文字を書くことを覚え、文章を書くことができるようになることも、すべて熟達の過程なのだ。

熟達するということはその分野の知識のシステムをつくりあげていくことだ。その過程で、学び手は学習をより効率化するためのスキーマをつくり、学び方を学ぶ。時には自分でスキーマを土台から壊してつくり直すことも必要だということをこれまで述べてきた。本章では熟達するということは認知にどのような変化をもたらすのかということをさらに考えていく。

1　熟達とは何か

熟達者の二つのレベル

何かが最初から完璧にできる人はいない。あることを繰り返し経験していれば、初めてやってみた時に比べ、自分の行動が変わっていることは誰でも様々なことで経験しているだろう。

例えば、料理のことを考えてみよう。料理をまったくしたことがない人は、そもそも、自分でどのような材料でどのような料理をつくるのか考えることが難しい。料理本などのレシピを見ながらチャレンジしてみる。最初はどの食材をどの形にどのくらいの厚さに切ればよいかもよくわからない。切るスピードも遅く、形も厚さも不揃いになってしまう。「お好みに応じて醬油を適量」と書かれていると「適量」がどのくらいなのか見当がつかない。

それが経験を積むにつれ、包丁の使い方も上手くなり、最初に比べて速く、きれいに切れるようになる。味見をしながら好みの味にするために調味料を加減できるようにもなる。料理の本のレシピどおりの材料がなくても、家にある食材でつくったり、別の食材で代用したり、ということもできるようになる。

ここまでいくと、もはや料理の熟達者といってよいだろう。しかし、上には上がいる。普通の人が普通の家庭の食事を手早くつくれる熟達のレベルと、プロの料理人に要求される熟達のレベルとはまったく異なる。もちろん、プロの料理人の中でもその腕前には個人差がある。他の人には真似できない、その人独自の「何か」がなければ一流の料理人とはいえない。

同じようなことは言語の学習でもいえる。母語を流暢に話したり読んだりできるようになることは立派な熟達であるが、それは十分に経験を積めば誰もが達成できる熟達だ。そこからさらに俳句や詩、小説、ノンフィクションなどのジャンルで自分にしか書けないスタイルの文章を書くことのできる文筆家、言語の分析をする言語学者、プロの編集者など、多くの人がそれぞれの分野でことばを武器に道を究めていく。

つまり、熟達といっても、経験を積むことで、最初はできなかったことが素早く、よどみなく、正確にできるようになるというレベルの熟達と、それを超えて、その分野で一流となり、さらに超一流になるレベルの熟達とがある。もちろん、これは連続する過程なのだが、熟達者の認知の特徴や学び方の特徴を考えるときにはここを分けて考えることが重要だ。

初心者と熟達者の違い

私たちは小学校から大学、あるいはそれ以降の教育を通じて科学的な説明のしかた、考え方を学び、運動方程式、位置の公式、速度の公式、エネルギー保存の公式などの様々な公式を教わる。しかし、さきにも述べたように、「公式を知っている」ということと「公式を使って問題を解ける」ということは別のことだ。「公式を知っているが問題を解けない」段階から「公式を使って自在に問題が解ける」段階に、どのように移行していくのだろうか。そしてそのときに、認知にどのような変化がもたらされるのだろうか。まず、物理初心者の大学生と物理熟達者の大学の先生との間で、次の問題の解き方がどう違うのかで考えてみよう。

問題　ある人は爆弾を投げる役割を担って飛行機に乗っている。飛行機は同じ速さで飛行していて、同じ高さから爆弾を投げるとする。つぎの①から⑤のうち、地表に到達した時点での爆弾の速さが、もっとも速くなるのはどの時か。

①降下している飛行機から投げた時
②上昇している飛行機から投げた時
③水平飛行している飛行機から投げた時
④どれでも変わりはない

⑤情報が足りないから判断できない

ほとんどの大学生は①を選ぶが、熟達者である物理の先生は④を選ぶ。すぐにこれがエネルギー保存の法則を使う問題だとわかるからである。しかし、この問題はさらに、法則が当てはまるのは爆弾であって飛行機でないことを理解した上で選択肢を選ばないと正解できない。熟達者である先生はこの問題を見た時に、計算をする前にすぐ関連する公式が頭の中に浮かぶ。

「もし運動している物体があり、二つの時間t_1とt_2における速さがわかっているか、それを求める必要があり、その二つの時間において保存力（いまの場合は重力）だけしか働かないなら、t_1からt_2において、その物体にエネルギー保存の法則を適用できる」と考え、さらに「もし、力学的エネルギー保存の法則が三つの物体に適用されて、質量、初速、落下時の高さと最終的な高さが、物体A、物体B、物体Cで同じなら、物体Aと物体Bと物体Cは最終的な速さも同じである」という結論に一瞬のうちに達するのだ。

それに対して、初心者の大学生は、この問題はエネルギー保存の法則の観点から考えなければならないということが、すぐにはわからない。そもそも、第3章で述べたように、初心者は物体が動いている時は動いている方向に力が働いているという誤認識を持っていることが多く、

②や③ではその方向に働いている力によって、落下速度が減衰されると思ってしまいがちだからだ。

今度はつぎの「弾丸速度問題」から、初心者と熟達者の思考の過程はどのように違うかを見てみよう。

問題　長さ〇・五メートルの銃身から秒速四〇〇メートルで弾丸が飛び出した。弾丸は銃身内で一様に加速されたとすると銃身内での平均速度はどれだけか。また、弾丸が銃身内にあったのは何秒か。

このような問題が与えられた時、初心者と熟達者は頭の中でどのような思考の流れをたどっていくのだろうか。ここで表4-1を見てほしい。熟達者は答えを得るために一直線に進んでいて、迷ったりよけいなことを考えたりしていない。速度の公式を使うことが問題を見た瞬間にわかる。また、それだけではなく、教科書に載っているような形で公式を思い出してから変形するのではなく、初めから直接数値が代入できるような変形された形で公式をもってくることができている。つまり、物理熟達者は物理の問題を考えるときに、「XとYがわかっていれ

表 4-1　物理の問題を解く時の初心者と熟達者の思考の流れ
(Simon & Simon, 1978 より)

初心者の思考の流れ	熟達者の思考の流れ
①　弾丸は銃口から秒速 400 メートルで出ていった.	①　銃身内での平均速度はどれだけか?
②　V_0 イコール 40, いや, 秒速 400 メートルだ.	②　ああ, これは明らかに 400 の半分で秒速 200 メートルだな.
③　銃身内では一様に加速されている.	③　えーと, 弾丸が銃身内にあったのは何秒か?
④　銃身内での平均速度はどれだけか?	④　もし平均速度が秒速 200 メートルだとすると,
⑤　銃身内での平均速度は 0 から……400 まで…….	⑤　銃身の長さは 0.5 メートルだから,
⑥　えーと……, 平均速度×そこにいた時間.	⑥　おそらく 100……1……ちょっと待てよ,
⑦　時間の 2 分の 1.	⑦　平均速度が秒速 200 メートルで,
⑧　平均速度は秒速 200 メートルだ.	⑧　銃身は 0.5 メートルで,
⑨　弾丸が一様に加速されたとすると, 銃身内での平均速度はどれくらいか?	⑨　ああ, そうすると……ああ……0.5 メートルで,
⑩　平均速度は秒速 200 メートルだ.	⑩　秒速 200 メートルだから,
⑪　これで合ってるよね.	⑪　400 分の 1 秒になるな.
⑫　平均速度っていうのは, どういう速度かというと, V_0 が 0 で, ……	
⑬　足すことの V, これがもう 1 つで, 2 で割って……	
⑭　なんで 2 で割るんだっけ?	
⑮　2 つの速度の平均, でいいよね?	
⑯　つまり, 秒速 200 メートルだ.	
⑰　どこかおかしいなあ. 前の問題でなにか間違ったかな. 平方をとるとかすべきだったかな. あとでもう一度見てみよう.	
⑱　弾丸が銃身内にあったのは何秒か?	
⑲　わかった. 時間だな.	
⑳　s が Vt に等しいとすると,	
㉑　t は距離を平均速度でわったものに等しいので,	
㉒　200 メートルの,	
㉓　違った, 0.5 割る 200 メートルだ.	
㉔　こいつを考えなきゃ.	
㉕　0.5 割る 200 は, 0.0025.	
㉖　時間は 0.0025 秒. ということは, 400 分の 1 秒だ.	

ばZも求められる」「X＝Y＋Z」なら「Y＝X－Z」のような式の変形が、その意味といっしょに頭に入っている。だから、必要な値を求めるための変形式が直接頭に浮かぶのだ。それだけではなく、問題を見た瞬間に、問題を解くための道筋がわかり、そこに数字を入れ、最短のステップで解を得ることができる。

それに対して初心者は、問題を解くための公式を思い出したものの、この問題に対して公式をどのように使うのかが、すぐにはわからない。いま自分が求めなければならないのは、この公式のなかでそもそもどの項なのか、与えられているそれぞれの数字は公式のどこにあたるのかを探すところから始めなければならないのである。「公式を知っている」ということと「公式が使える」ということは同じではないことは、これらの例からよくわかるだろう。

熟達者は臨機応変

物理の熟達者の問題の解き方をひとことでいえば「自由自在」あるいは「臨機応変」だろう。この背後にあるのは、問題を読むと一瞬で「何が大事かわかる」という本質をつかむ力だ。一瞬で「本質がわかる」というのは、状況を一瞬で把握し、解くべき問題がなにか、そのために何をするべきかがわかるということだ。

熟達者が臨機応変であることは、もちろん物理の問題解きに限ることではない。能で熟達すると何が変わるのか。金春《こんぱる》流の第八〇世宗家の金春《こんぱる》安明さんに聞いてみた。

能は、シテ、ワキ、笛、太鼓、小鼓、大鼓の奏者の共同作業だが、それぞれが一堂に会して練習する時間はほとんどとれない。各自で修業を積み、舞台に臨む。何回もいっしょに舞台を経験した人たちばかりと組むわけではない。異なる流派に属する人たちといっしょに舞台をすることもある。熟練がものをいうのは、初めていっしょに舞台に立った人たちとすぐに呼吸を合わせ、即興的に舞台をつくっていけるかどうかということなのだそうだ。もちろん、これは能に限ったことではなく、他の人たちといっしょになにかをする状況で、臨機応変に対応できるというのは、熟達者の大きな特徴なのである。サッカー、ラグビーなどのチームスポーツでもこれがもっとも大事な能力であることは言うまでもない。

熟達者のもつこうした臨機応変さは、どこから生まれるのだろうか。第一に必要なのは、それを実行するために必要な手続きが反射的に想起され、それを素早く実行するためにすぐに体が動くことである。しかし、その時に、今自分が置かれている状況が適切に理解でき、次の瞬間に何をするべきか、素早く、的確に判断できることが必要だ。とはいえ、こんなことは別に認知科学の研究がなくても、だれでも経験的にわかっていることだ。もう少し踏み込んで、臨機応変に判断し、行動するときに、心の内で何が起こっているのかということをつぎに見ていこう。

2　スキルの自動化と作動記憶

作動記憶とは何か

さきほども述べたように、熟達者は、いちいち考えなくても必要な行動が必要な時に自然とできる。これを認知科学では「スキルの自動化」という。必要なことを意識を向けずにバックグラウンドでできるようになることである。

人間はパラレルな情報処理を行っている。しかし、意識的に（注意を向けながら）処理できる計算量には限界がある。記憶には、情報を長期的にため込んでおく貯蔵庫と、リアルタイムの情報処理に必要な情報だけを一時的に保存する貯蔵庫の二種類があり、前者を「長期記憶」、後者を「短期記憶」という。これについては第1章で少し説明した。

人が会話をしたり、本や新聞を読んだり、ラジオのニュースを聞いたり、計算をしたりするとき、その環境の中から情報を取り入れ、さらに処理に必要な情報が長期記憶から検索され、それを統合してその場その場で情報の処理をする。例えば、ニュースを聞いているときにはニュースからの言語インプットが処理されるべき情報として短期記憶に取り込まれ、さらに、長期記憶から文法の規則や単語の意味に関する情報、内容に関するスキーマなど、言語情報処理に必要な様々な知識が検索される。そして、いま自分の中に入ってくるインプットの中の情報を長期記憶から持ってきた情報と統合して、情報処理をする。この一連のプロセス全体を作動記憶という。

人が一度に作動記憶で扱える情報量には限りがある。したがって、意識的な注意を向けずにバックグラウンドで行えることが多ければ、ほんとうに必要なことにだけ注意を集中することができる。これがよいパフォーマンスをする鉄則だ。

母語の習得と情報処理システム

子どもが母語の学習でしていることはまさにこれだ。言語の情報処理は、①音素の識別、②単語の同定、③形態素や助詞などの文法判断、④単語の並びから文の組み立てを把握、⑤抑揚や単語の選択などからの話者の意図や確信度の判断、⑥発話内容の意味を文字どおりストレートに受け止めるか、比喩や皮肉として受け止めるべきなのかの判断、⑦話者が言っている全体的な内容の理解など、様々な判断をほぼ並行して超高速で行わなければならない。そのとき、これらのすべてのことに意識的な注意を向けていたら情報処理はすぐに破綻してしまう。通常では、①から⑤くらいまでは無意識に行う。それによって、⑥と⑦により多くの情報処理のリソースを残すようにするのである。

言語が使えるようになるために大事なことは、文法書に書いてある説明を覚え、辞書に書いてある単語の意味を暗記することよりも、これらの複雑な認知過程のほとんどを自動的に高速で行うことのできる情報処理システムをつくっていくことなのだ。

言語の習得と熟達の過程は、流暢に話すことができるところでは終わらない。子どもはある程度流暢に話せるようになるくらいから、読み書きの学びをはじめる。すらすらと文章を読めるようになるために、学び手はさらに複雑かつ精緻な情報処理のシステムをつくりあげていかなければならない。

すらすら読むための情報処理

なめらかに読めるようになると、目の動かし方も変わる。読み手は、一単語ごとに読んでいるわけではない。新聞などがすらすら読める熟練の読み手は、

（1）文字の視覚情報を音に変換する。
（2）記憶にある単語の意味辞書にアクセスして、文中の単語と意味辞書の単語の意味を照合する。
（3）スキーマにより行間を埋める。
（4）単語が組み合わされた文の意味をざっくりと解釈する。
（5）これから出てくる単語の予測をし、眼球の運動を制御して、なめらかに眼球を動かす。

といった、複雑を極めたプロセスを、並行して超高速で行っている。読みの習得過程はこの一連の複雑な情報処理をよどみなく高速で行うことができるようになる熟達過程に他ならない。

しかし、読みの本質は、その先にある。書かれている内容を単に字面で理解するのではなく、自分の知識と織り交ぜながら著者の意図をくみ取り、内容を楽しみ、批判し、自分の知識の中に組み込む。そのために読書をするのだ。文字からの情報を得るためにほとんどの情報処理を瞬時に自動的に行うことができるような情報処理システムの下支えがあってはじめてそれが可能になるのである。

予測力

なめらかに読むためには、いま視線を落としている単語(とその周辺の単語)を読みながら、同時に次に来るであろう単語群を予測する必要がある。何をするときにも、臨機応変に状況対応ができるということは、状況判断とともに素早く正確な予測ができるということでもある。将棋やチェスの熟達者は、ある局面でこの手を選択したらその先にどのような展開になるかをずっと先まで読むことができる。

この先読みの能力はもちろんスポーツの熟達にも欠かせない。サッカープレーヤーの臨機応変な状況判断は、もちろん、現在の状況からこのように行動したら相手チームがどのように行動し、それがどのような結果につながるかという予測ができるということだ。この能力は、実際には見たことがない状況(つまりこれから起こる未来の出来事)を心の中でシミュレーションすることができる能力といってもよい。熟達者が臨機応変に行動できるのは、このメンタルシミュレーションが正確で、「カン」が正しく働くからなのだ。

3　直観力はどこから生まれるのか

ひらめきと直観

「カン」は熟達者の真髄であると言ってもよい。将棋、囲碁の熟達者の直観はその発展形といえる。一手一手で最善の手を考え、それを積み重ねていく。次の一手についても、勝負を決める最終的な形についても正解はない。しかし、プロの棋士はこれから向かおうとする形について直観的に視ることができ、次の一手も直観によって無数の選択肢から候補を絞り込むことができるそうである。

将棋や囲碁では熟達者の「直観」の働き方は二種類ある。全体の終着点についての直観と、次の手についての直観である。多くのタイトルを持つプロ棋士の羽生善治さんは著書『大局観』で前者を「ひらめき」、後者を「直観」と呼び分けている。これは非常に示唆に富む洞察である。

さきほど述べたように物理の熟達者も、問題を見た瞬間に答えがでないうちから解決の到達点が見え、そこから具体的に手続きを進めていく。人が複雑な問題解決をするときには、その時々、その場その場でのポイントの判断だけではなく、事態がまだ解決から遠く、不明瞭な段階でも、最終的にどこに向かうのかというような直観が非常に大事なのである。しかし、熟達しないうちは、その時その場での局所的な選択しか思い浮かべることができない。

羽生さんによれば、「大局観」とは様々な手を深く読まなくてもそのときの状況とその後の流れを一瞬見ただけで判断する直観で、経験を積めば積むほど精度が上がってくるものだそうだ。がむしゃらに読み込む力は若いうちのほうが強いが、熟年になるほど「大局観」が育っていくと書いている。「大局観」を言いかえれば、問題を大づかみに捉えて、ゴールが見えない局面でも目指す到達点をイメージできる直観である。熟達とは、将棋に限らずどのような分野でも、この直観を育てていく過程と言ってもよい。

認識力

「直観」が働くためには、膨大な量の過去の経験の記憶があり、それが必要な時に適切に取り出せることが必要だ。第１章で述べた記憶の達人がしていることが、まさにそれだ。熟達者が瞠目すべき記憶力を持つことは、すべての分野に共通する。しかし、そのすぐれた記憶は、その分野で意味がある情報の記憶に限られている。

すぐれたバスケットボールの選手にバスケットボールのゲームの一場面のスライドを見せていき、記憶のテストをした研究がある。バスケットボールは対戦する二つのチームの選手の位置関係が戦略上、非常に重要なゲームである。すぐれたバスケットボールの選手は非熟達者に比べ、ゲーム場面のスライドを短時間見ただけで選手のコート上の布陣を正確に記憶することができた。しかし、このすぐれた記憶は見せられた布陣が戦略上、意味のある構造をもっている場合に限られた。適当に人を配置しただけの意味のない布陣を見せられた場合は、彼らの記憶は普通の人と変わらなかったのである。

バレエダンサーの振り付けの記憶についても興味深い研究がある。この研究では熟達者と初心者に複雑なシークエンスからなる振り付けを教え、実験参加者にそれを再現させた。半分のシークエンスは振付師がつくったクラシックバレエのパターンをもとにした構造をもったシークエンスで、後の半分は実験者が適当につくった構造のないシークエンスだった。また、研究に参加した人の半分はクラシックバレエのダンサーで、もう半分はモダンバレエのダンサーだった。

クラシックバレエのダンサーの場合は、クラシックバレエの構造をもったシークエンスの時には、なんなくシークエンスを記憶した。しかし、ランダムなシークエンスを提示された場合には初心者と記憶成績が変わらなかった。それに対し、モダンバレエのダンサーの場合には、構造のあるシークエンスでも構造のないシークエンスでも、初心者よりすぐれた記憶を見せた。これは、クラシックバレエでは型が重要で型から外れた動きというのはめったにないのに比べ、モダンバレエにおいては決まった型以外のシークエンスもよく使われることがあるということを反映していると思われる。

このように、人は、熟達の過程で、その分野で（熟達者にとって）重要な情報を非常に短い時間で効果的に記憶する術《すべ》を身につける。しかし、熟達者のすぐれた記憶の本質は、「その場の情報をそのまま記憶する力」ではなく、持っている知識によって状況が認識できる「認識力」にあるのである。

視る力と審美眼

認識力は「識別力」でもある。熟達者は、普通の人にはわからない違いがわかる。初生雛鑑別師という職業がある。この職業は、鶏のヒナの性別を区別する仕事だ。鳥の生殖器官は体内に位置するので、普通は外側から見てもわからない。プロの鑑別師は、まずヒナの肛門をわずかに開ける技術を習得した上で、ヒナの生殖器官の雌雄の違いにより、どれがオスでどれがメスなのかの区別をする。このように書くと簡単そうに思えるが、パターンのほんのわずかな違いから見分けをする非常に熟練を要する職業で、一人前のプロになるのには何年もかかるそうである。

熟達者は普通の人には見えないパターンの違いがわかり、見極めができる。熟練したバードウォッチャーは、高い木の枝にいる様々な種類の鳥を一瞬見ただけですぐに見分けられる。ドッグブリーダーは同じ種類のイヌの個体を、サルの飼育者や研究者は群れの中のたくさんのサルのそれぞれの個体を見分けることができる。

このような識別力の延長にある熟達者の認知能力は「審美眼」だろう。熟達者は普通の人にはわからないほどの厳しく細やかな基準で、出来栄えのよし悪しが判断できる。一流の美術家は、普通の人間にはどれも素晴らしく見える焼きあがった作品の多くを壊してしまうという話をよく聞く。一流の熟達者は普通の人には到底見分けられないレベルで、出来栄えのよい、悪いを判断できる。最高のものとそうでないものを見分ける審美眼が、一流のパフォーマンスを支えているのである。

ずいぶん昔に『本阿弥行状記』(中野孝次著)という本を読んだ。この本は、琳派の始祖で、俵屋宗達と組んで有名な「嵯峨本」を作った、日本の三筆に数えられる能書家であり、「不二」

をはじめとして、国宝にもなっているすばらしい茶碗を作った陶芸家でもあり、息をのむほど美しい蒔絵の作品を残したりしている美の究極の探究者であり目利きであった本阿弥光悦を中心にした本阿弥家についての小説風評伝だ。本阿弥家は伝来刀研ぎと刀の目利きを家業にしており、光悦自身も稀代の刀の目利きであった。この本には光悦だけではなく代々の本阿弥家の人間がどのような気概と精神で、どのような修行をして、他家にまったく追随を許さない刀研ぎ、目利きとしての技量を身につけていたかが描かれている。

刀の目利きについて、光悦の孫の光甫が本阿弥家相伝の芸の奥義を語ったことばとしてこのような下りがあった。

「かやうに見ゆるはかやうに仕立てたるゆえなり。かやうに仕立《たて》たるはかやうになるべしと明《あき》らめぬ人は、合点行《ゆき》がたき事なり」

中野孝次はこのように書いている。

現にそこにあるものを見て判を立てることなら誰にでもできる。が、そのようなことでは錆刀はどこまでいってもただの錆刀としか見えますまい。粗壁に浮き出た模様はただの壁の乾き具合の違いとしか見えますまい。が、名人上手の域に達した人は、現にある錆刀の中にあるべき本来の刀の姿を見る。粗壁の乱れ模様の中に竹林や岩山や虎が姿をあらわしたがっているのを見る。このように仕立てればこのようになるであろうと、その成った姿が見える。……

画でも書でも焼物でも刀の道でもそのことに変りはない。芸の道をきわめるとは、あるべきものの姿が心眼にありありと見えるところまで行くということである。

中野孝次『本阿弥行状記』(河出書房新社)より

これは、さきほど紹介した、羽生善治さんの、「序盤でもすでに全体が見える大局観」と同根のものだろう。

心的表象

本章では熟達者の卓越したパフォーマンスや思考を支える認知能力について述べてきた。ただちに本質を見抜く力、臨機応変な応用力、普通の人には見えないものを見分ける識別力と、いま目の前には見えないモノ、コトの究極の姿を思い浮かべる審美眼。このような能力の背後にあり、すぐれた判断や行動を可能にしている心の中の判断基準を認知科学では「心的表象」

という。この心的表象をより洗練された、よりよいものに育てていくことが熟達の過程なのである。

豊かで洗練された、「よい」心的表象をどのように育てることができるか。このことについては終章でとりあげたい。

第5章 熟達による脳の変化

ここまで熟達者の持つ認知的な特徴について述べてきた。何も考えずに体が動いてできる素早く正確なパフォーマンス、的確な予測、すぐれた直観、識別力、審美眼。これらの認知機能は脳のどのような変化によってもたらされるのだろうか。

1　脳のしくみと熟達

脳の働きの基本

脳がどのように機能を分担しながら働いているか、ごく大まかに説明しよう。脳の皮質は大きく分けて前頭葉、頭頂葉、側頭葉、後頭葉という四つの部分に分けられる（図5－1）。後頭葉は視覚野とも呼ばれ、視覚情報の前処理を行う。側頭葉は物体の認識、聴覚の処理などを行う。頭頂葉は空間的視覚処理（物体同士がどのような位置関係にあるかなど）、感覚運動の処理、注意のコントロールに深く関わっている。前頭葉は外界から入ってきた情報を一時的に保持したり、情報を統合したりするなど、高次の認知機能の司令塔的役割をすることが知られている。

思考の座はどこにある？

「思考の座は前頭葉にある」というようなことをよく耳にする。「前頭葉をたくさん働かせると頭がよくなる」というようなことも聞く。これらはほんとうなのだろうか。

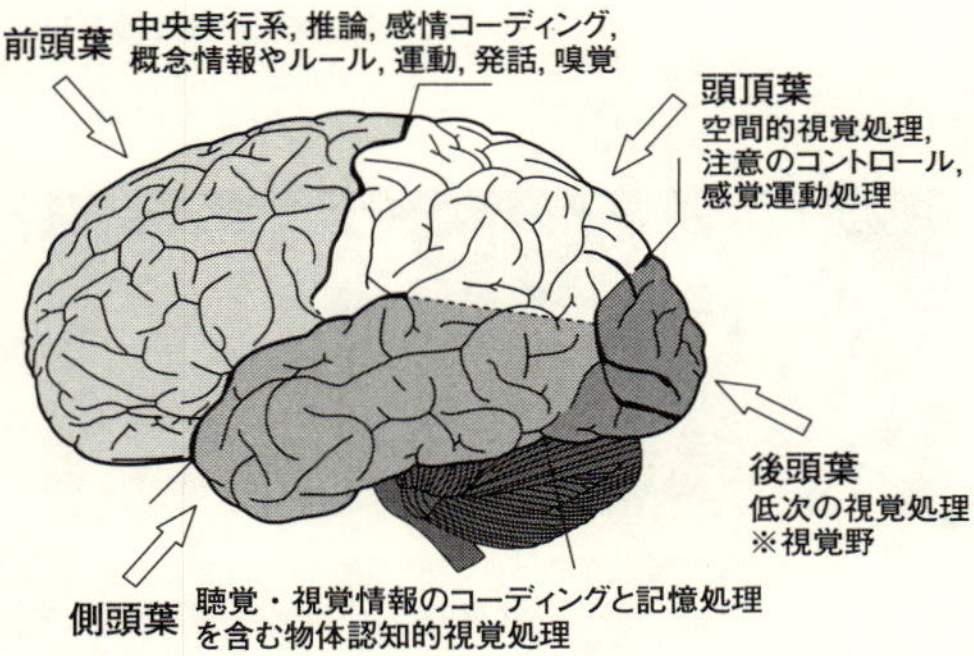

図 5-1　脳の皮質の大まかな構造と機能

結論から言えば、これらは事実を非常に単純化し、歪曲化した言説である。そもそもどのようなことを行うにせよ、脳のある特定の場所だけが働いていて、他の部分は何もしていないということはありえない。「言語は左半球側頭葉が大事」というのは、左半球側頭葉だけに言語の情報が書き込まれるということでも、言語を理解したり話をしたりするときにそこだけが活動しているということでもない。運動をするときに、運動野だけが働いているわけでもないし、数学の問題を解いているときに前頭葉や頭頂葉だけが活動しているわけでもない。

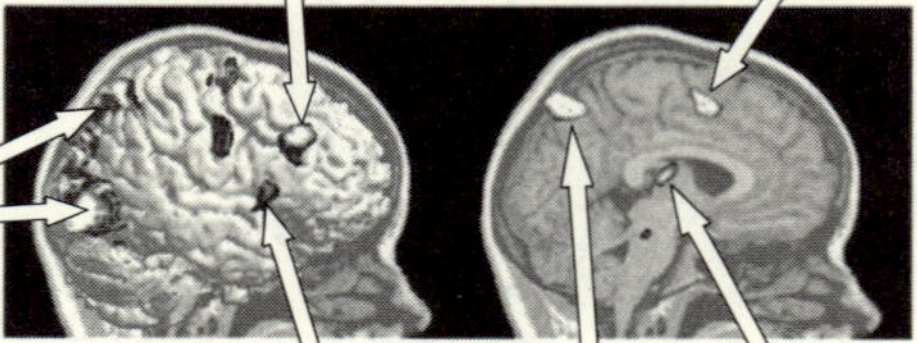

図 5-2　一般的な認知機能の制御に関与する脳内ネットワーク
（Hill & Schneider, 2011 より）

行動を制御するネットワーク

何かの課題をするときに、脳は異なる場所で異なる処理を分担して行っているが、そのコーディネートを行い、全体としての調和を保つ必要がある。前頭葉だけが「司令塔」の機能を担っているわけではない。スムーズに行動するためには、注意を必要なことに振り向ける、自分のしていることをモニターする、いま行っていることに対して、自分の感情の評価をする、課題のゴールと現状との距離を評価する、様々な情報処理の優先順位を決め、必要に応じての注意の切り替えを行うなど、様々な調整を同時にしていく必要がある。これは、前頭葉だけでできることではなく、前頭葉、頭頂葉などを含む脳の表面の皮質部分と深部にある部分の両方が関わる広範囲のネットワークを使って行われている。

図5-2が示しているのは、どのようなスキルの実行にも共通して関与すると考えられている場所である。おもに前頭前野背側、前帯状皮質／補足運動前野、頭頂葉後部、島皮質前部《とうひしつぜんぶ》、大脳基底核《だいのうきていかく》、視床《ししょう》、小脳などが関わっていると考えられている。大脳基底核は脳の中心部にあり運動の調節に重要な働きをする。小脳は運動の制御、学習にとても大事な場所として知られている。しかし近年、大脳基底核も小脳も運動以外にも様々な認知機能を担い、学習全般に大事な役割を果たすことがわかってきている。前帯状皮質や島皮質は感情の情報処理に関わる部位と考えられているが、何かを実行するときに(特に学習の初期では)運動処理だけではなく、感情に関わる部分も制御ネットワークに含まれることは、何をするにも感情の役割を無視できないことを示している。脳の部位の名前を覚える必要はまったくないが、あることをするためには脳の表層部と深層部の両方を含む広範囲なネットワークが働いていることだけは覚えておいてほしい。

スムーズな情報処理をするための脳の変化

個別のスキルの学習は、ひと言でいえば、この共通の部位に頼った制御のシステムが、それぞれのスキルを効率よく正確に行うために、どんどん改良され、最適化されていく過程と考えることができる。「改良される」とは、具体的には、個々のスキルの遂行に特に必要とされる情報処理をスムーズに素早く行うために特化した神経のネットワークシステムをつくっていくということである。この特定のスキルに特化したネットワークシステムは自動的で高速の処理を可能にする。しかし、もともとの様々なスキルの実行に共通した一般的な制御のシステムが使われなくなってしまうわけではなく、もとのシステムも残されている。

あるスキルを覚えて間もないときには、ほとんどの情報処理をスキル共通の制御のネットワークで行うしかない。何に注意を向けたらよいのかがまだよくわかっていないので、雑多な情報に注意を向けなければならないし、ネットワークがそのスキル向けに調整されていないので、情報処理の負荷がとても大きい。

何度も繰り返し行うことにより、そのスキルに特化した記憶がそれにかかわる脳の様々な場所に貯蔵されていく。そしてそのスキルだけに向けてチューニングされた制御システムがつくられるようになる。それによって、そのスキルを実行するときにそれまでの学習によって脳の各部分に蓄積されていた記憶が自動的に素早く取り出し可能になるのだ。

自動処理の落とし穴

ただし、情報処理のすべてを自動処理に移してしまうことはよいことばかりではない。特定のスキルに特化した自動処理は、処理スピードが速く、認知負荷が小さい一方で、いったん処理システムができてしまうと修正が容易でない。スキル共通の制御処理は、処理速度が遅く、同時に処理できる容量が限られる。しかしその分、情報の処理が柔軟に修正できるのである。

少し前に述べたように、あるスキルを素早く遂行するためには、外界の情報に対して優先順位をつけ、そのスキルを行うために最も重要な情報を素早く、無駄なく選択できるように脳が学習することが大事だ。逆に言えば、いったんそのための処理ネットワークを脳がつくってしまうと、選択するように学習された情報以外は学習者の中に入ってこないで素通りをしてしまうことになる。情報処理のすべてを自動化してしまうと、処理が完全にルーチン化してしまい、まったく同じ情報にしか注意を向けないことになる。すると、例えば、ゴルフや野球の打撃のフォームを大きく変えるなど、そのスキルを抜本的なところからやりなおすことを難しくしてしまう。本来は重要な情報に注意を向けられなくなってしまうからである。

第2章で、乳幼児期の母語の学習の重要な部分は、母語の学習を効率よく行うための情報処理システムを創りあげることだと述べたことを思い出してほしい。日本語を母語とする赤ちゃんが、生まれた時から生後八カ月くらいまでは「r」(アール)と「l」(エル)をはじめ、世界の言語で使われるすべての音素の区別ができ、その時期を過ぎると区別をしなくなるということを述べた。これはまさに、自動化された制御のネットワークを脳がつくったことによって、学習に必要のない情報に注意を向けることができなくなってしまう例だ。

赤ちゃんが言語を学習しはじめたばかりの時は、人の声に含まれる音声の情報にあるすべての音の特徴に注目している。だから細かい違いに気づくことができる。これはつまり母語の情報処理をする上では効率の悪い、しかし汎用性のある情報処理をしているということだ。ところが、母語で単語を学習するために必要な音素を学習し、音声入力情報を自動的に母語の音素のカテゴリーに沿って取りこむようになると、母語の音声情報処理専用の神経ネットワークシステムがつくられ、それによって音声入力を単語に切り分けていくプロセスが効率化される。

他方、一度その処理経路が確立してしまうと、音素のカテゴリーが異なる言語を学習するときにも、母語専用の情報処理システムが使われてしまう。それによって、外国語の音素カテゴリーに沿った情報処理系に修正することが困難になるのである。大人の私たちが英語のrとlを聞き分けられないのは、日本語の音声情報処理に不必要な音のちがいに注意を向けないことで、日本語の音声処理を効率よくできるようなネットワークシステムを脳がつくった結果な

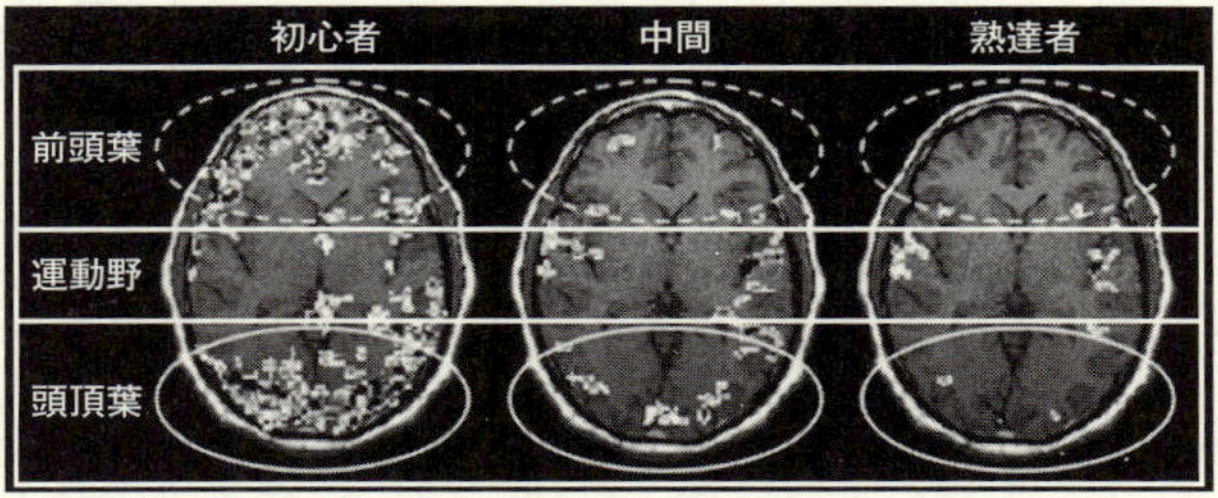

図 5–3　熟達化するにつれて減少していく脳活動
（Hill & Schneider, 2011 より）

のである。

熟達者が実際に行っていることは非常に複雑で、多数のスキルの要素を組み合わせることが必要になる。言語を流暢に操ること、読書をすること、能のパフォーマンスなどについて第4章で述べたことを思い出してほしい。ほんとうに熟達したパフォーマンスを行うためには、すべてを自動処理で行う方向にもっていくのではなく、自動処理と制御処理の双方のシステムをつくっていき、二つのシステムの両方をほどよいバランスを保ちながら働かせることが重要なのだ。脳はこの二つのシステムをどのようにコーディネートしていくかを学ばなければならないのである。

脳活動の増大と減少

学習が進み、熟達するといつも脳が活発に働くようになるというのは誤解であるということはすでに述べた。図5–3はある運動を学習し、熟達していったときの脳の活動のしかたの変化を示したものである。左は学習を始めたころ、右は課題のスキルに熟達した状態、真ん中がその中間の状態だ。白く見えるのは学習の前に比べて活動が増大した場所である。脳の活動の度合いは、学習が進むにつれて全体的に減少していることがわかる。とくに減少が顕著なのは、前頭葉の部分と、頭頂葉の後方部分、つまり注意をコントロールする部分で、これは運動スキルの習熟が進むにつれて意識的な注意を必要としない自動処理に変化していった結果であると考えられる。

一方、運動野の活動量は、学習段階に沿って減少しているわけではないが、活動パターンには変化が見られる。図5-3の三つを比べるとわかるように、運動野において学習初期には脳の広範囲にわたって活動が散在していたのに比べ、熟達段階になると左右の端にはっきりとまとまった、集中的な活動が見られることがわかる。これは、熟達にともなって、課題にもっとも関連がある運動野の細胞群がまとまって再編成されたためであると考えられる。つまり、学習過程での脳の部分的な変化は様々な形で現れうる。ひとつには、神経細胞が活発に活動する場所が変化する。スキルに必要な特定の刺激に反応する細胞群が増え、神経ネットワークが再編成され、神経細胞の活発に活動する部位が変わっていくのである。

このように書いても、脳科学になじみがない読者には具体的なイメージがわかないかもしれ

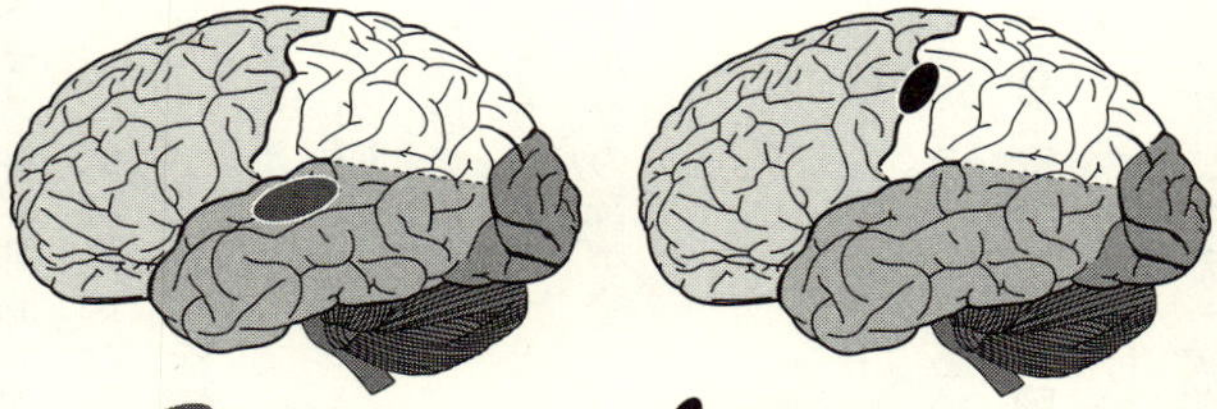
一次聴覚野
プロの音楽家は非音楽家に比べて一次聴覚野の活動量が多く，灰白質の体積も大きい.
親指に対応する一次感覚野
アマチュア音楽家よりもプロの音楽家は，（親指などの）楽器を演奏する一次感覚野の活動が大きい.

図 5-4　音楽家の脳．感覚野の中の左手が占める部分の体積がアマチュアや非音楽家に比べ増大していた．しかし，右手に対応する部分では，このような増大は見られなかった（Schneider et al., 2002., Erbert, Tantev and Weinbruch, 1995 より）

ない。次に、音楽の熟達の過程で脳がどのような形で変化するのかを具体的に示した例を紹介しよう。

2　脳はどのように変化する？

音の処理の仕方が変わる

音楽の熟達による変化は、まず音の処理のされかたに現れる。ドイツの研究チームが行った実験では、プロの音楽家、アマチュア音楽家と音楽の勉強を特にしたことがない非音楽家の三つのグループを対象にして、純音を聞かせた時の一次聴覚野の反応を調べた。図5−4を見てほしい。脳では視覚の情報処理も聴覚の情報処理も一カ所でいっぺんに処理されるのではなく、段階的に行われる。音はまず特定の周波数の音（音の高さ）や大きさに対して自動的に反応する神経細胞で処理される。これは「音」に対して高次の認識をほとんど介せずに処理するので「低次処理」と言われる。次にハーモニーやメロディー、リズムの部分処理を担う細胞、さらに、それらを統合した音楽処理をする細胞によって、認識を伴う処理の度合いを深めながら順次処理されていくと考えられている。

この研究は、「低次処理」のしかたが音楽の熟達によってどのように変化したかを見た。この実験の課題は、音楽の和音やリズムを聞きとるのではなく、健康診断で聴覚検査をする時のような「ピー」という音の高さを聞き分ける単純な課題だった。実験参加者は、例えば五〇〇ヘルツの音が続いた後、音の高さが変わったらボタンを押して反応するというようなことをした。

研究チームはその時の一次聴覚野の活動を、脳磁図(MEG)という非常に微弱な磁場の変化を捉える装置を用いて測定した。また、脳活動の測定の前に、それぞれの参加者に対して「音楽適性テスト」という音高識別テストを行った。刺激の音高が変わった時に、プロの音楽家と非音楽家では一次聴覚野の反応が明らかに違っていた。一見すると音楽には関係ない単純な音の高さの聞き分けでも、プロの音楽家は初心者に比べ、刺激が変わった直後(一九ミリ秒から三〇ミリ秒)での一次聴覚野の活動が顕著だった。

脳の構造も変化する

プロ音楽家と音楽初心者の違いは単なる反応の違いに留まらないこともわかった。この情報処理をする皮質部分の体積が、プロの音楽家は非音楽家に比べて三〇％ほど大きかったのである。アマチュア音楽家の体積はプロと非音楽家の中間くらいだった。さらに興味深いことに、音の高さを識別する能力が高いほど、脳測定実験での脳の活動の変化が大きく、さらに、この部分の体積も大きいことがわかったのだ。

別の研究グループは、プロ音楽家とアマチュア音楽家、非音楽家のグループの皮質の体積を脳全体の各部位で比べた。すると、プロの音楽家は、感覚運動野、補足運動野、小脳などの運動学習やスキル学習に重要な役割を担う部分と、上頭頂小葉《じょうとうちょうしょうよう》、下側頭葉《かそくとうよう》などの音楽記号を音に変換してから運動につなげる部分が、非音楽家と比べて大きくなっていることがわかった。ここでもアマチュア音楽家はやはり両者の中間であった。

熟達による脳の構造の変化は、特定の楽器の演奏に特化して起ることもある。例えば、バイオリンやチェロなどの弦楽器の演奏では左手の指を細かく動かす。弦楽器のプロ奏者の脳の大きさを調べたところ、感覚野の中の左手が占める部分の体積がアマチュアや非音楽家に比べ増大していた。しかし、右手に対応する部分では、このような増大は見られなかった。

プロの音楽家になるための長年の練習は、音への反応や音楽記号の音への変換、演奏につなげるための運動への変換など、音楽に関わる様々な部分の脳の細胞を増やし、音楽の演奏の実行や学習に最適化された神経ネットワークをつくりあげるのである。

3　人から学ぶときの脳の変化

学習は模倣から

楽器の演奏にしろ、スポーツにしろ、それ以外のスキルにしろ、ほとんどの場合、私たちは誰か（多くは先生やコーチ）がそれをしているのを見て、それを真似てやってみることからはじめる。「模倣」というと、「猿真似」ということばを思い浮かべる人もいるかもしれない。しかし、行為、行動はどんなものでも――例えばモノを「つまむ」などの非常に日常的であたりまえのことですら――本来、非常に抽象的なものなのだ。行為の目的や意図を理解し、そのうえで、それを達成するための行為の範囲（カテゴリー）を理解しなければ、人がやってみせた行動を模倣することはできない。習熟するにつれ、状況の見方が変わる。同様に、他の人の行為を見るときの見方も変わる。同じ人の同じ行為を見ても、熟達者と初心者は違う観点で違う見方をしているのである。

では、人の行為を観察するときに、脳はどのように働くのだろうか。そしてそのとき、熟達の程度によって脳の働き方はどのように違うのだろうか。

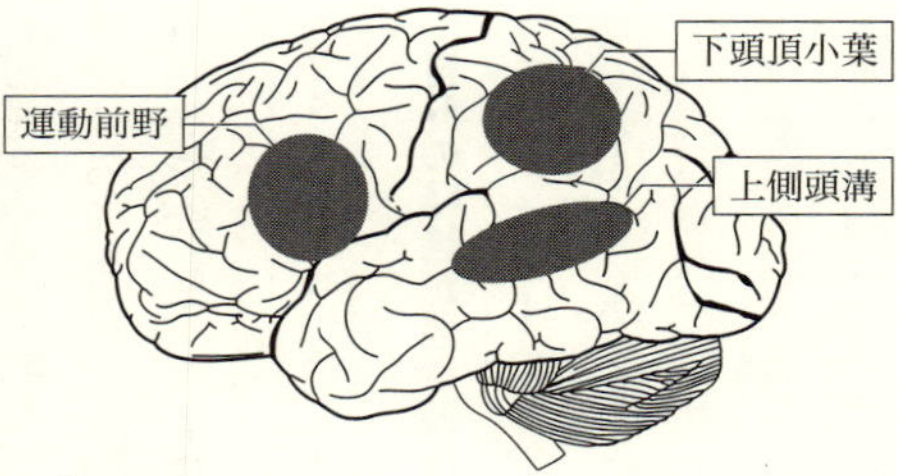

図 5-5　人間のミラーニューロンシステム

ミラーニューロン

読者の中には「ミラーニューロン」ということばを聞いたことがある方も多いのではないだろうか。ミラーニューロンと呼ばれる細胞は、リゾラッティというイタリアの研究者によって発見された。実験者がエサを拾い上げた時に、サル自身がエサを取るときと同様の活動を示す神経細胞があることを発見したのである。つまり、他者の行為をなぞり自分の行為として置きかえることを脳の中で行っているらしいのである。

ミラーニューロンの存在は、人間を含む生物が他者から学習するときの脳の働きを明らかにする大きな一歩である。人が他人の行動を観察する時に、あたかもその行動を模倣し、自分の心の中でそれをなぞるような脳の働きをすることは多くの研究で示されている。その時に関わるのは、運動前野、下頭頂小葉、上側頭溝を含むネットワークではないかということもわかってきている。このネットワークは「ミラーニューロンシステム」と呼ばれている(図5-5)。

自分の経験が他者の行為の見方を変える

ミラーニューロンの存在はどうあれ、模倣による学習が脳の中でどのように行われているのかを理解することは、人が学習するしくみを理解する上で非常に重要なことだ。ある研究では、プロのバレエダンサーと、プロのカポエイラ(武闘を兼ね備えたブラジルの伝統的な舞踏)競技者のそれぞれの熟達者グループと、どちらも経験がない初心者のグループに対して、バレエとカポエイラの動きのビデオを見せた。バレエダンサーがバレエの動きを見た時と、カポエイラ競技者がカポエイラの動きを見た時は、さきほどのミラーシステムの活動が活発になっていた。ミラーシステムの活発化は、自分が熟達した動きを見ているときに限られていて、バレエダンサーがカポエイラの動きを見た時、あるいはその逆の時には、初心者の脳活動のしかたと変わらなかった。

さらに興味深いことに、同じバレエダンサーでも、自分自身が習得した動きとそうでない動きで脳の活動のしかたが違うこともわかった。古典バレエは男性、女性で動きもポーズも大きく違う。練習も演技も男女いっしょに行われるので、彼らはパートナーの動きは熟知している。それにもかかわらず、自分が身体で習得した動きと自分は行わないパートナーの動きを見ているときで、脳の活動のしかたが異なっていたのである。

つまり、自分が実際に身体を動かして習得しなければ、何千回、何万回観察していても、熟達者と同じような脳の働き方はするようにならないということだ。人は他者を観察して、他者から多くを学ぶ。しかし、その時、他者の行為を分析し、解釈し、心の中でその動きをなぞり、それを実際に自分の身体を使って繰り返すことが、人を模倣して学ぶときには、なくてはならないことなのである。

これは運動に限らない。言語の習得も同じだ。子どもは大人が母語を使う（つまり話をする）ことを模倣して母語を学ぶ。しかし、それは決して「猿真似」ではなく、親が使う言語を聞いた時に、インプットに対して分析、解釈を行い、自分で言語のしくみを発見することによって言語を自分で創り直すことに他ならない。結局のところ、模倣から始めてそれを自分で解釈し、自分で使うことによって自分の身体に落とし込むということは言語や運動に限らず、すべてのことの学習・熟達過程について必要なことなのである。

4 「直観」はどこにある?

身体の一部に変わる

身体の一部になった知識は最初から身体で覚えたものに限らない。教えられたばかりの時には丸暗記しただけで実際の問題になかなか使えなかった物理の公式を、物理の問題を解く練習を重ねると、問題を見た瞬間にどの公式をどのような形で当てはめるのかがわかるようになる。最初は事実として記憶された公式が何度も使われることによって手続きが埋め込まれた知識、つまり身体の一部として使える知識になるのである。

チェスや将棋、囲碁などもそうだ。普通にはこれらのゲームは誰かに教えられてルールとゲームのしかたを覚えていく。つまり無意識の学習ではなく、一生懸命覚えようとして覚える学習である。最初はルールを覚えるので精一杯だったのが、経験を積むにつれてルールは身体の一部になり、ルールをいちいち意識に上らせる必要はなくなる。

この時に身体の一部になったのはルールだけではない。勉強した定石や過去に経験した布置も、最初は「事実の記憶」だったのが、何度も使うにつれて必要な時に、自由自在に取り出し可能になり、変形して使うことも、意識的に考えることなしにできるようになる。最初は「事実の記憶」だったものでも、それを使うことをつづけることで、「身体化された手続きの記憶」に変わりうるのである。

直観は古い脳にある

一流の熟達者が持つ「臨機応変さ」というのは「的確で柔軟な判断力」と言い換えることができる。では、そのすぐれた判断力はどこから生まれるのだろうか。その一端を捉えた研究がある。

理化学研究所のチームは、将棋のプロ棋士が判断をするときの脳の活動を調べた。正解のある詰将棋の最終局面で、非常に短い時間に、提示された局面の次の最善の一手を考えてもらい、そのときの脳活動を計測した。また、そのほかに、時間的に余裕がある状況で次の一手を判断した時と、判断をせずに様々な視覚刺激を「見た」だけの時の脳活動も測定した。羽生善治さんをはじめとした将棋のトッププロ棋士のほかに、アマチュア棋士上位と下位の二つのグループが実験に参加した。

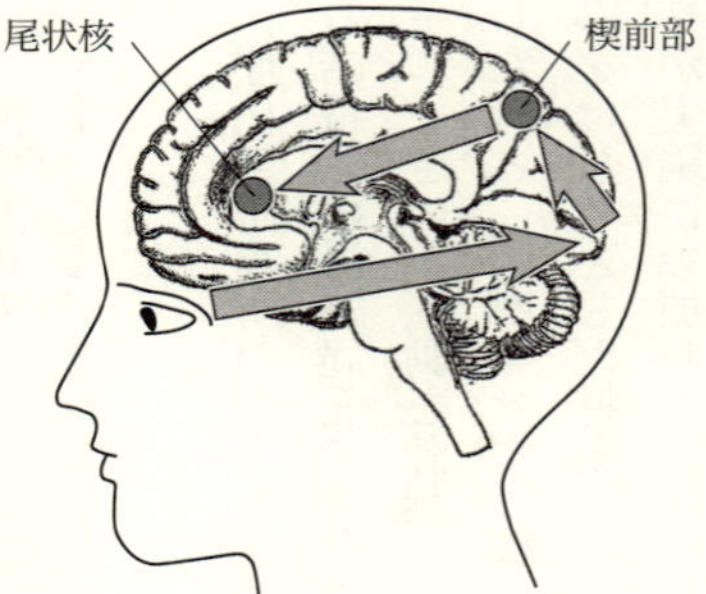

図5-6 プロ棋士の直観を支える脳内ネットワーク

前章で述べたように、瞬間的な判断のよりどころは「直観」だ。時間をかけて熟慮して判断する場合もあるが、時間的に切迫した状況ですぐに判断をしなければならないときもある。そのときには、プロ棋士は、多くの選択肢を思いつくのではなく、多くて三つくらいの選択肢しか頭に浮かばないそうである。プロの棋士が次の一手を時間に余裕がある状況で判断する場合と比べて、瞬間的に行わなければならないときに強く活動する脳の場所が「直観」に深く関わっているはずだ。大脳基底核の一部の尾状核《びじょうかく》という部位がその場所だった。

図5-6を見てほしい。大脳基底核は脳の深部、中心付近に位置し、繰り返された経験から無意識に行われる学習や習慣的な行動の記憶にとくに深く関わると考えられている。また、爬虫類など、進化上は古い動物でも持っている「古い脳」と言われていて、本能的な行動を司る部分である。瞬間的な判断をするとき、つまり直観がモノをいうときに、「思考の座」といわれる前頭葉などの「新しい脳」ではなく「古い脳」が働く。このことは学習と熟達の過程を考

えるうえで非常に大事だ。熟達者の直観と臨機応変な判断は、長年の習慣的な経験の繰り返しから生まれることを意味するからである。

全体を見通す直観

第4章で、熟達者は次にどのような手を選択するかに関する直観とともに、最終的な到達点を見通す直観を持つと述べた。このことも脳科学の研究から支持されている。

理化学研究所のチームは別の実験で、将棋の盤面を次々に見せ、さきほどの実験と同様に次の一手を判断してもらい、そのときの脳の反応を計測した。今度は脳の様々な部位の電位の変化（脳波）を脳活動の指標とした。脳の情報処理は絶え間ない電気信号の変化として頭の表面に出現する。頭の表面全体に細かい間隔で電極をつけ、それぞれの電極で電気活動の変化を拾い、どのように脳が反応しているのかを時間軸に沿って推定することができるのである。

提示した盤面には、戦略上意味のある駒の配置と意味のない配置があった。駒の配置が意味のある盤面を見たときのプロ棋士の脳は、提示直後に前頭部と側頭部に顕著な活動が見られ、さらにその後に頭頂部の反応が見られた。他方、意味のないランダムな駒の配置の盤面では、そのような反応は見られなかった。

研究チームは、意味のある駒の配置に対してのみ反応する前頭部と頭頂部は全体的な意味の理解に関わっていて、意味があってもなくても反応する側頭部は全体を構成する要素情報の認識に関わっていると考えている。つまり、脳の前頭部と側頭部のそれぞれで、全体的な意味と個々の要素が素早く並行的に処理され、その後に頭頂部において情報が統合されているということだ。言い換えれば、プロ棋士は盤面を見た瞬間に、その盤面の「意味」を認識し、一局面を見ただけで手筋の全体の流れが直観的にわかることをこの研究は示している。

「生きた知識」の脳内のありかた

熟達に伴う認知の変化とそれに伴う脳の機能と構造の変化は、様々な分野の学習が多様な形で脳内でなされることを示している。熟達の過程の影響は脳の特定部分の局所的な変化ではなく、ネットワークの変化として考えるべきである。「生きた知識とは何か」という問いについて、学習・熟達に伴う脳の変化が教えてくれること。それは、使うことができる知識は、事実の断片的な記憶の集積ではなく、知識をいかに使うかという手続きそのものの記憶と切り離せない形で脳内に存在するということだ。

習熟していないうちは、物理の公式を口で言うことはできても問題を解くためにすぐに使えるわけではないし、英語の「a」と「the」の使い方について教科書に書いてあることは言えても、実際に英語を話したり書いたりする時に正確に「a」と「the」が使い分けられるわけではない。私たちが実際に使うことができる「生きた知識」は、単に事実を知っているという知識ではなく、それをどう使うかという手続きまでもいっしょになった知識なのだ。そして、その知識は、脳が学習し、知識をつかうための神経のネットワークを構築することによってつくられているのである。

熟達者は一瞬で状況を判断し、ものごとの本質を見抜くことができる。パフォーマンスは正確で素早い。何が起こるかを的確に予測でき、臨機応変で創造的に行動できる。そしてなにより、よいパフォーマンスとは何かということに対して明確なイメージを持ち、よいパフォーマンスとそうでないものとを峻別することができる。それができるのは、熟達者が第4章の終わりで述べた「よい心的表象」を持っているからだ。そのもっともよいパフォーマンスを見極める心的表象がそれを実行する手続きとともに脳内のネットワークにあるからこそ、「ただ知っている」ということではなく、「実行できる生きた知識」になっているのである。

次の第6章では、「生きた知識」はどのように獲得できるかについてさらに掘り下げ、「生きた知識」を生むことができる知識観について考えていきたい。

第6章　「生きた知識」を生む知識観

学びと熟達の認知のしくみを踏まえて、これからいよいよ、よりよく学ぶためにどうしたらよいかを考えていきたい。しかし、まだその前にもうひとつ、ふたたび考えなくてはならない大事なことがある。「知識とは何か」という問題だ。

だれもが多くの知識を得たい、役に立つ知識を得たいと思っている。そこでイメージする「知識」は驚くほど人によって多様だ。しかし、どのように学べばよいのか、ということを考えるためには「知識とは何か」という問題を避けて通れない。知識に対する考え方、イメージが異なれば、自ずと学びの理想像とそのための学び方が異なってくるからである。

これからの世の中を生き抜くために大事なのは、論理的思考能力(批判的思考力と呼ぶ人もいる)だということを最近いたる所で耳にする。大学入試もそのような能力を問うことが求められるように変わるそうだ。しかし、論理的思考能力、批判的思考力などのことばは極めて抽象的で、きちんと定義されないまま、ふわふわと漂っているように思える。教育行政者、評論家や教育実践をする人たちの間でも、これらのことばを曖昧なまま、様々な解釈を許す形で使っている感じがしてならない。これは、思考力、判断力を束ねている「知識」の意味が、人によってずいぶん違って受け止められていることが根にあるからだと思う。

知識観、つまり知識についての認識(知識についてのスキーマ)のことを「エピステモロジー」という。本章では、これまで述べてきたことをベースに、「生きた知識とは何か」という問題を本書でこれまで述べてきたことに基づいて新たに捉えなおし、そこから「生きた知識」はどのように身につき、よりよく学ぶことができるのかを考えていきたい。

1 知識観が学びを決める

「知識＝事実」という思い込み

知識は客観的なものであり、「事実」であると考えている人が多いと思う。例えば、「歩く」は英語では「walk」という動詞に訳すことができるという事実。天動説は誤りで地動説が正しいという事実。ニュートンが物体の運動に関する三つの法則(慣性の法則、運動方程式、作用・反作用の法則)を発見したという事実。フランス革命は、一八世紀後半、ヨーロッパに啓蒙思想が広がる中、絶対君主支配(アンシャン・レジーム)に批判が高まる時代背景のもと、市民の暴動に端を発して広がったという歴史上の事実。これらの「事実」が知識であり、それをたくさん覚えることが大事であるという認識が、現在多くの人に共有されている「知識についての認識」（エピステモロジー）であろう。

学びは受験のためではなく、大事なのは判断力、思考力だと主張する人でも、このエピステモロジーを持っている人はじつは多い。第3章で、人は多くのことで素朴に自分が培った思い込みを持つと述べたが、「知識＝事実」というエピステモロジーは、多くの人にとって非常に根強い思い込みの一つである。

どうしてこの思い込みが根強いのか？　ほんとうのところはわからないが、テスト文化の影響は否定できないだろう。どれだけ多くの「事実」を知っているかを問うことがテストでもっとも扱いやすいため、「事実」を覚え、それをテストで思い出して書き出す、ということを小さいころから習慣的にやってきたためかもしれない。私たち日本人は「覚えた事実の量」を評価されるというテストを小さいころからずっと受け続けている。こうした文化をもたない人々のエピステモロジーは、おそらく私たちとは大きく異なっているのだと思う。

知識のドネルケバブ・モデル

いろいろな人と知識について話をし、「知識＝事実」のエピステモロジーを聞くたびに私が思い浮かべてしまうのは、ドネルケバブである(図6―1)。ドネルケバブは肉片を集成してつくる巨大な竹輪のようなもので、トルコの伝統的な料理だ。

知識はきれいに切り取ることができる断片である「客観的事実」として存在し、その断片を人から教えてもらう。「知識＝事実」のエピステモロジーでの知識モデルは、「客観的な事実」である知識片をぺたぺた表面に貼り付けていって、ひたすら大きくしていくイメージを喚起させる。そこで私はこれを「知識ドネルケバブ・モデル」と呼んでいる。「知識＝事実」のエピステモロジー、それを根とする知識習得についての「ドネルケバブ・モデル」(ぺたぺた貼り付けモデル)がなぜ「生きた知識」に結び付かないのかを、これから述べていこう。

図6―1　ドネルケバブ．gato/PIXTA

「生きた知識」は変動するシステム

母語は、様々な知識の中でも「使うための知識」、つまり「生きた知識」の代表である。言語を使えるようになるために、子どもは何をどのように学んでいるのかをここであらためて振り返りたい。

そもそも言語は、断片的な知識をぺたぺた貼り付けていき、ボディをどんどん大きくしていけば使えるようになるわけではない。音韻の規則、文法、分厚い辞書にリストしてある単語の意味をすべて「暗記」しても使えるようにはならない。第2章でも述べたが、子どもはぺたぺた知識を貼り付けて母語を使えるようになっていくわけではないのだ。

言語はあまたの要素が互いに意味をもって関係づけられてつくられたシステムである。語彙の学習を例に挙げれば、単語を覚えるということは、ドネルケバブの肉片を貼り付けるように、それまでの時点で作られている語彙にさらに新しい単語を加えていくことではないのだ。新しい単語を語彙に入れるために、子どもはその単語の意味を自分で考える。そのときには、すでに知っている単語との関係を考え、語彙のシステムの中での新しい単語の収まる場所を考える。新しい単語が語彙に入れられたら、その単語と関係する単語の意味も変わりうるし、語彙のシステム自体も変動する。

これは言語に限らず、どのような分野の知識にも言えることである。最も役に立つ「生きた知識」とは、知識の断片的な要素がぺたぺた塗り重ねられて膨張していくものではない。常にダイナミックに変動していくシステムなのである。このシステムは、要素が加わることによって絶え間なく編み直され、変化していく「生き物」のような存在なのだ。

ドネルケバブ様の知識例

では逆に、断片をぺたぺた貼りつけるだけの知識とはどのようなものだろうか？　このモデルに近いのは、使うことができない外国語の知識だろう。私自身、中学や高校のときにはテストのために英単語の意味を日本語に置き換えて一生懸命覚えたものだ。例えば、「break＝壊す」「deep＝深い」「hard＝固い」のような具合に。しかし、このように覚えた対応する訳語は「意味」と言えないものだったし、この知識で英語の文章をつくることはできなかった。「break」という単語が実際にどのように使われる単語なのかを知らなければ、単に「break＝壊す」とだけ覚えても文はつくれない。「break」と「壊す」とでは、動作の対象になる名詞（モノ）が違う。つまり、意味が同じではないのだ。

ほんとうに「break」の意味を理解するためには、「break」と意味が似た別の動詞（「rip」「tear」「smash」「crash」「bend」など）と「break」の意味がどのように違うのかも知らなければならない。ところが、「外国語の単語＝日本語の単語」というドネルケバブ・モデルをもっている学習者は、「break＝壊す」と覚えるだけで安心してしまう。「break」という単語が文脈によって意味が変わっても注意を向けないし、関連語との関係を考えることもしない。結局、「break」の意味はずっと「壊す」のままで、「rip」「tear」「smash」「crash」「bend」などとの関連付けもされないまま、単に「壊す」という訳でラベル付けされただけの英単語として放置される。そして、本来はことばの「意味」とはいえない、日本語に置き換えられただけの英単語がぺたぺた「英単語ドネルケバブ」に新たに貼り付けられていく。そのボリュームはどんどん大きくなっていくが、結局、英語は使えないままなのだ。

2 「生きた知識」を獲得するには

「生きた知識」は自分で発見する

子どもは音韻の規則、文法の規則、単語の意味など、言語という大きなシステムを構成する要素をほとんどすべて自分で見つける。言い換えれば、子どもはドネルケバブの肉片のようにすでに切り取られた知識片を「はい」と渡されて、それを暗記しているのではない。切り分けられていない知識の塊をどのように切り出していくかを自分で見つけなければならない。言語を使うために子どもは「外にある知識を教えてもらう」のではなく「自分で探す」。要素を見つけながら、要素どうしを関連づけ、システム自体も発見していく。自分で見つけるから、すぐに使うことができるのである。

例えば、乳児は自分の母語の単語の音の最小単位となる音素を発見する。しかし、日本語を母語とする赤ちゃんと英語を母語とする赤ちゃんでは、発見する音素が違う。前にも述べたように音素というのは、「客観的に存在する音」ではなく、「発見され、解釈される音のカテゴリー」なのである。英語ネイティヴ話者が発音した「race」と「lace」は一歳以上の英語母語の赤ちゃんには「違う音を要素にもつ違う音の単語」として聴こえるし、日本語の環境で育つ赤ちゃんには「同じ音の要素をもつ同じ音の単語」として聴こえるのだ。これはとりもなおさず知識は「客観的な事実」ではないことを意味する。

「生きた知識」は主観的に解釈される

これは音素のことに限らない。人生の経験そのものが見ているものを変える場合もある。図6-2の上側の絵を見てほしい。何の絵に見えるだろうか？　後ろに藪があり、前のほうに岩がある絵に見えると思う。しかし、ここにはダルマシアン犬がいる。どこにいるだろうか。も

図 6-2　何に見える？　上：Ronald C. James “a dalmatian dog”，下：Sandro Del Prete “Message Of Love To Dolphins”

う一度絵を見てほしい。ダルマシアン犬が浮き出てきたように見えるのではないだろうか。

では、今度は下側の絵を見てほしい。何の絵に見えるだろうか？「抱き合う男女」の絵だと思うはずだ。しかし、子どもがこの絵を見たら何の絵だと思うだろう？そう考えてもう一度絵を見直してほしい。何が見えてくるだろうか。そう、答えは「イルカ」である。

つまり、何がいるか、何を視るべきかを前もって知っているのと知らないのとでは、同じビジュアルイメージを視ても、見えるものは異なるのである。第4章で述べたように、鶏のヒナのおしりを見ても、普通の人には雌雄の区別はつかない。しかし、訓練を積んだ熟練者は一瞬で見分けることができる。初心者が電子顕微鏡を通してスライスを観察しても、特定の細胞組織を識別できない。熟達するにつれ、容易に識別できるようになる。最初は細胞分裂に気づくことができなかった顕微鏡使用者が、いったん何を探せばよいのか気づかされると、難なく観察できるようになる。

要するに、世界は客観的に存在しても、それを視る私たちは、知識や経験のフィルターを通して世界を視ているのである。聴くこと、視ることは、私たちがもっとも多くの情報を得る経路である。聴いて記憶に取り込まれた情報、視て記憶に取り込まれた情報が、「解釈されたもの」であるとしたら、それを基盤に習得される知識もまた「客観的な事実」ではありえないのだ。

「生きた知識」は新たな知識を生む

「生きた知識」は目の前の問題を解決するのに使うことができるだけではない。新たな知識を創造するために使うことができる。新たな知識はゼロからは生まれない。すでに知っている知識を様々に組み合わせることで生まれる。創造力の源泉は持っている知識を使って想像することである。熟達者の向上の源泉も想像力だ。第4章で述べたように熟達者は、いまはできなくても、自分が目指そうとするパフォーマンス、あるいは自分が得たいと思っている知識の姿を想像することができる。人は、想像力といま持っている知識とを組み合わせることによって、無限に新しい知識をつくっていくことができる。それに対して、ドネルケバブ肉片をぺたぺた貼り付けるように覚えただけの知識は、使うことができない。使えないから、他の知識と組み合わされて新しい知識を生むこともないのである。

3　暗記はほんとうにダメなのか

意味が解きほぐれていく

しかし、暗記した知識も役に立つ、自分は丸暗記で知識を得た、という反論も出てきそうだ。昔、武家の子どもは素読によって四書五経を頭から丸暗記したという。プロ棋士は頭の中に膨大な棋譜のデータベースを持っている。では、棋譜を暗記するとき、どのようにするのか。将棋に強くなるためには、ともかく膨大な棋譜を覚えなければならない。それは、テストのために単語や公式を暗記するのと同じなのだろうか。プロ棋士の島朗《しまあきら》九段の著書にこういう一節がある。

厳選した指定図書の中からまず1冊、1局ずつ勝った側から並べ、次に負けた側から並べる。そして暗記して棋譜に書き出し、何も見ずに並べて1局が終了する。都合4回ほど同じ将棋を言葉の本当の意味の通り、精密に調べる方法だ。……

島朗『島研ノート 心の鍛え方』(講談社)より(傍点筆者)

つまり、棋士が棋譜を覚えるのは、私たちが通常イメージする「丸暗記」とはまったく違う。暗記するために暗記するのではなく、一手一手についてその意味をとことん考え、精査する。心血を注ぎ、時間をかけ、一手一手の意味とその流れについて自分で納得が行くまで何度も繰り返し並べていく。その結果、棋譜が自然と頭に叩き込まれるのだ。

幕末に長岡藩の家老の家に生まれた杉本鉞子《えつこ》という人が、当時の武家の日常の生活を随筆に記した。鉞子は後にアメリカにわたり、英語でこの随筆を書いたが、それは何カ国語にも翻訳され、世界中で読まれた。日本語でも『武士の娘』として翻訳されていて、テレビドラマにもなった。
六歳の鉞子は、お寺の住職を師匠に迎え、大学、中庸、論語、孟子を学んだ。六歳の子どもに書物の意味がわかるわけもなかったが、鉞子は懸命に理解しようとする。しかし、彼女の師匠は「よく考えていれば、自然に言葉がほぐれて意味が判ってまいります」とか、「百読自《おのずか》ら其の意を解《かい》す」などと答える。鉞子は理解できないことを受け入れながらも、勉強することを愛し、勉強をつづけた。

何のわけも判らない言語の中に、音楽にみるような韻律があり、易易と頁を進めてゆき、ついには、四書の大切な句をあれこれと暗誦したものでした。……(中略)……この年になるまでには、あの偉大な哲学者の思想は、あけぼのの空が白むにも似て、次第にその意味がのみこめるようになりました。時折り、よく憶えている句がふと心に浮び雲間をもれた日光の閃きにも似て、その意味がうなずけることもございました。

杉本鉞子『武士の娘』(大岩美代訳、ちくま文庫)より

鉞子もまた、子どもの自分にはわかるはずもない難しい思想の書を、心から理解したいと願

い、わからないながらも、いつかはわかる時が来ると思いながら、その意味を問いながら何度も何度も読みつづけた。その結果、書物に書かれていたことが自分の体の一部になり、師匠の言ったとおり、自ずから言葉が解きほぐれていったのである。

システムを立ち上げる

子どもは、母語を学びはじめるや否や、母語の音、語彙、文法などについて、個別の要素を学習していくだけではなく、それらを学習するためのスキーマをつくっていく。生後数カ月の乳児が自分を取り囲む世界にあるモノや出来事についても、すでに「何が起こるべきか」あるいは「何は起こるはずがないか」についてもスキーマを持ち、予測をしながら世界を観察している。

これまで何度も述べてきたように、これらの「思い込み」のスキーマはいつも正しいわけではない。間違う可能性もあるけれど、よい解決をもたらす確率が高い、というような性質のものだ。人間は乳児の時からこのような「思い込み」をどんどん自分でつくっていく。そして、この「思い込み」を使って次に起こることを予測したり、新しい要素の学習をしている。間違いを犯す危険があっても「思い込み」を使って思考してしまうのは、未完成であれ、知識のシステムの枠組みをとにかくつくるためだ。第2章で述べたように、ある程度の数の要素が集まると、子どもは要素の間の関係や新しい要素を学習するためのパターンを探す。これはとりもなおさず、子どもが知識を最初から断片的な要素の集まりではなく、システムであることを見抜いていて、システム構築に向けてすぐに動き出していることを示している。

システムをつくっていくためには、システムの外枠ができていることが大事だ。いったんシステムの外枠ができれば、新しい要素は最初からシステムの中にすでに存在している要素と関係づけられながら学習されることになる。このようにして知識は、互いに関係づけられない断片がドネルケバブのようにどんどん貼り付けられるのではなく、要素が互いに関係づけられる形で、構造を持ちながらシステムとして成長していくのである。

「思い込み」に導かれた思考のしかたは、誤った思い込みを生む危険性もある。それでもなお、そのような思考のしかたで素早く知識システムを立ち上げようとするのは、誤りは後から修正すればよいことも子どもは知っているからだ。

効率よい学びは確かに大事だ。しかし、それはシステムの枠組みを素早く立ち上げ、後でゆっくり修正するという学びの過程の一部でしかない。効率よい学び自体が、熟達者のすぐれたパフォーマンスを可能にするわけではないのである。

土台の組み直し

ただし、このやり方がうまく機能しない場合がある。誤ったスキーマがシステムの土台となってしまっている場合である。地球の運動のメカニズムや太陽系の構造、宇宙について学ぼうとしても、天動説モデルが「思い込み」としてあると、それに代わる地動説を理解し、さらに天体の法則、宇宙のしくみや成り立ちについて理解することは難しい。同様に、英語を学ぶとき、英語の語彙の構造が日本語と同じで、日本語の単語と英語の単語が一対一対応するという「思い込み」があると、英語を学ぶことは非常に困難になる。

人は持てる知識を総動員して新しい知識の要素を獲得する。スキーマがうまく機能していれば、新しい要素を学習するたびに新しい要素はシステムに関係づけられ、前からある要素も修正されるし、システム全体がアップデートされる。母語の単語の学習の時などは、このような語彙の局所的なアップデートがいつも起こっている。しかし、システムの土台となる知識が誤っていると、「コペルニクス的転換」が必要になる。土台から組み直さない限り、正しい方向に知識のシステムをつくることはできないのだ。学習は常にダイナミックな知識のシステムの変化を伴う。概念のコペルニクス的転換のことを、認知科学では「概念変化」と呼んでいる。

4 「生きた知識」とエピステモロジー

エピステモロジーの発達段階

エピステモロジーは、思考力、学習力と深い関係がある。ドネルケバブ・モデルの知識観と、知識を常に再編成を繰り返すダイナミックなシステムとして捉える知識観とでは、目指す思考のありかたも、理想とする学びのあり方もまったく異なる。エピステモロジーには発達的な段階がある。そして、それぞれの段階の知識観は、知識獲得、つまり学習と密接につながっている。コロンビア大学教授のディアナ・キューンによれば、エピステモロジーは「絶対主義」→「相対主義」→「評価主義」という三つの発達段階をたどるとしている。

小学生の多くは、知識は人によって解釈され、構築されるものであることを理解していない。彼らは科学者によって発見された知識が絶対的に正しい事実であると思っているし、科学者の仕事は「世界に存在する客観的事実を集めてくる」ことであると思っている。言い換えれば、知識は常に絶対的に正しい・正しくない、と二色に分けることができ、「正しい知識」はドネルケバブの肉片のように切り取られた形で世界に存在するものと考えているわけだ。

もう少し発達が進むと、知識は解釈されるものである、ということはわかってくる。ただし、「自分は自分、人は人」というスタンスをとり、データの多様な解釈、多様な仮説、多様な理論は、それらが互いに対立するものであっても、どれでもOKだと考えてしまう。つまり、仮説や理論は様々な方面から検討・吟味・評価された上で最も論理的に一貫し、頑強なものが選ばれなければならない、ということを理解していない。この段階のエピステモロジーを持つ人は、知識が構築されること、したがって絶対的でないことは知っている。しかし、知識がどのように構築されるかを理解していないので、どれもが正しい、という相対主義に陥ってしまっているのである。

次のもっとも高い水準の発達段階になると、知識は単なる「考え」とは違うことを理解するようになる。とくに科学的知識とは、

●証拠によって実証されるべきものである。
●そのためにはモデルを構築し、実験によって具体的に吟味可能な仮説を立て、実験からの証拠に照らして評価されなければならない。
●仮説は多くの場合、複数あり、それらの仮説のうち、どれが最もすぐれたものであるかを、証拠に照らして評価する必要がある。

ということを理解するようになる。

科学的思考を身につけるために

科学を学習する目的は、科学者によって発見された「事実」を覚えることではない。今日覚えた(その時には「真実」と思っていた)事実や理論が、一〇年後には棄却されているかもしれない。

科学はデータをもとに論理を組み立て、理論を構築するプロセスである。では、「科学を実践する」ために、子どもは何を学ばなければならないのだろうか? 学校で、理科の時間などで実験をし、データをとり、分析する、という学習はしているだろう。しかし、それらは「科学を行う」ための要素に過ぎない。科学的思考ができるようになるために必要なのは、むしろ、理論の検討のしかた、仮説の立て方、仮説の検討のための実験のデザインのしかた、データの解釈の仕方、結論の導き出し方、などの論理を組み立てるスキルなのである。

批判的思考とは何か

もちろん、ここでいう「科学」は自然科学に限らない。心理学はもちろんのこと経済学、法学、社会学のような社会科学も同じだ。さらに敷衍すれば、どのようなことであれ、単なる好き嫌いではなく、理にかなった意思決定をするために、(単なる「論理スキル」ではなく)前項の論理構築スキルに則った思考が必要である。

いま、いたる所で「批判的思考」ということばを聞く。しかし、批判的思考の定義に関して、ほとんどの人はあやふやな考えしか持っていないようだ。さきほど述べたエピステモロジーの発達段階を提唱したディアナ・キューンは、「批判的思考」は「argue」する能力だという。「批判的思考」はもともと英語の「critical thinking」の訳である。そして、このことばと必ずペアになって使われる概念が「argue」という動詞なのである。

これらの言葉はどちらも翻訳がとても難しい概念で、実際、多くの日本人はどちらのことばも誤解して捉えていると思う。ある英和辞典では「argue」は「論じる、論議する、論争する」が第一の語釈になっていて、第二の語釈として「口論する、言い争う」がある。この語釈のために、「argue」という語によいイメージを持つ日本人は少ない。しかし、これらの語釈は「argue」という言葉の本質をまったく表していない。

英英辞典の方がこれらのことばのもとの意味に近い語義を与えている。例えば、オックスフォード学習者英英辞典では、「Give reasons or cite evidence in support of an idea.」とある。ここで出てくる「evidence」という言葉が非常に大事なキーワードである。「argue」とは、ある考えがあったら、その正当性を打ち立てるために「evidence」(証拠)を積み上げて論理をつくっていくという意味なのである。

余談であるが、「evidence」もまた、なかなか日本人には理解が難しい単語である。日本語では「証拠が三点ある」と言えるので、日本人はつい「three evidences」「many evidences」と言ってしまうが、「evidence」は不可算名詞なのでこれは誤りであり、「three pieces of evidence」「ample evidence」などと言わなければならない。「evidence」が不可算名詞であることは英語のエピステモロジーを反映しているのだと思う。「evidence」という語は個別の「事実」ではなく、「さまざまなピースを論理的に整合性がとれるように組み立て、構成した論理の不可分な全体」を指すのである。

話を戻すと、批判的思考とはつまり、前項で述べた科学的思考と基本的に同じで、ある仮説、理論、あるいは言説を、証拠にもとづいて論理的に積み重ねて構築していく思考のしかたのことを言う。単に「感情にとらわれず客観的にものごとを考える」とか「多角的に物事を検討する」ということではないのだ。

このような科学的思考、批判的思考のバックボーンになっている仮説検証のプロセスと理論構築のプロセスはもちろん、本で読んだだけ、あるいは誰かに説明されただけでは理解できない。知識(理論)を構築していく実際の道筋がわからないと、様々な仮説を適当に立てるだけで終わってしまう。自分で仮説を考え、実験をデザインし、データを取って分析し、吟味し、論を構築し、それを評価する。「批判的思考」はこのようなプロセスを何度も繰り返し経験すること、つまり、「体で覚える」ことによって初めて体得できるのである。

批判的思考(科学的思考)とエピステモロジーとは互いを支え合い、互いを引っ張り上げながらともに発達する。知識ドネルケバブ・モデルのエピステモロジーを持っていたら、批判的思考は習得できないのは改めて言うまでもないことだ。だから、思考力を養うためにはエピステモロジーを発達させ、成熟したエピステモロジー、つまり評価・構築主義のエピステモロジーを持たなければならないのである。

批判的思考と直観的思考

科学的思考、批判的思考は学びの達人になるためにとても大事で、最近は教育界のキーワードになっている。他方、熟達者の特徴は鋭い直観力にあることも、誰もが認めるところである。批判的思考を重要視するということは直観的思考をどれだけ排除できるか、と考えられるのに、この「矛盾」はどのように考えればよいのだろうか。

じつは「直観」ということばは、いくつかの意味合いを持つ。三つの形を考えてみよう。

(1)ある状況で何がしかの判断をするとき、知識がないときは、コイントスのように適当にするしかない。

(2)子どもが単語の意味を考えるとき、「形ルール」のようなスキーマに沿って、その場ですぐに初めて聞いた単語の意味を考え、その単語が使える範囲を決めてしまう。

(3)将棋の達人は、次の一手についてあれこれ可能性を考えなくても最善の一手が頭に浮かぶ。

(1)から(3)はすべて一般的には「直観的思考」と考えられる。しかし、その判断の精度や質はそれぞれ異なる。(3)は非常に精度が高い判断。(2)はいわゆる「スキーマ」に頼った思考で、「当たらずとも遠からず」の判断になる場合もよくある。(1)の判断はまったく偶然のレベルである。これら三つの形の「直観」は、まったく違う種類の思考というよりは、判断の拠り所となる背景の知識のありかたが違う思考と考えたほうがよい。豊富で精緻な知識を持っていれば直観の精度は上がり、「ひらめき」になる。知識がないところで直観に頼れば、「あてずっぽう」になってしまう。

科学者にも直観は大事だ。そもそも、理論を構築するためには仮説がなければならない。仮説をつくるときに直観は絶対に必要である。ニュートンの万有引力の発見も、ケプラーの楕円軌道の発見も、データを積み上げて吟味する批判的思考だけで生まれたわけではない。批判的思考により、仮説とデータが整合的に一致しているかを検討することは絶対に必要だ。しかし、現象のしくみを説明するための仮説をつくるには「ひらめき」が必要で、それには熟達した科学者の直観がモノをいうのである。

知識は常に変化をつづけている流動的なものだし、最終的な姿は誰にもわからない。最終的な姿がわからないのにシステムを構築するためには、要素を増やしつつ、それに伴ってシステムも変化させながら、成長させていくしかない。「生きた知識のシステム」を構築し、さらに新しい知識を創造していくためには、直観と批判的思考による熟慮との両方を両輪として働かせていく必要がある。

子どもは完璧でなくてもよいから、とにかくコミュニケーションをするためにたくさんの単語を短期間で学習したい。大人の実社会でも多くの場合、非常に短い時間で判断を迫られる。そういうときには直観に頼らざるをえない。他方、自分の思考や行為を自分でモニターし、意識的に過ちを見つけようとしないとなかなか過ちは見つからず、知識の修正はされない。どの分野でも、本当の達人は、常識的な「思い込み」を排除して現場を観察し、記憶や判断がスキーマで歪まないように意識的なコントロールをしている。例えば、将棋では対局の後の感想戦で対局を振り返る。これはいわば批判的思考だ。一手一手を吟味して、他によりよい手がなかったかを振り返る。

どの分野でも多かれ少なかれ、達人たちはこのような「振り返り」をしているはずだ。直観に頼った素早い判断、素早い学習は、熟慮による修正を伴って初めて、精緻な知識のシステムへ成長していくことが可能になるのである。また、それが直観力をさらに磨くためにも必要なことなのだ。

第7章　超一流の達人になる

超一流の達人になるためには、どうしたらよいのか。もしその方法があるのだとしたら、誰もが知りたいと思うのではなかろうか。教育者、教育研究者、各領域での第一人者やその人を育てた親などが、自分はこうしてここまでになった、あるいは自分はこうして天才を育てた、というエピソードを披露する。もちろん、誰もが同じ道筋をたどるわけではない。また、超一流になるために要する時間や条件も、分野によって異なることもあるだろう。しかし、分野が違っても、熟達者たちの間で共通した特徴があるのと同様に、熟達者になる道筋にも共通点があるようである。様々な分野での超一流の達人の実践には、どのような意味があるのか。これを紐解くことで、超一流の達人となるために必要な条件とその道筋を考えていこう。

1　いかに練習するか

一〇年修行の法則

ある分野で熟達を目指した人たちが最も油の乗る時期、すなわちピークに達する年齢は、その人が目指す分野の性質によって大きく異なる。では、それぞれの分野で国際的に一流と認められるようになるには、ふつう何年くらいかかるのだろうか？　フロリダ州立大学教授で熟達の認知研究の第一人者であるアンダース・エリクソンによれば、国際的に活躍できる熟達のレベルになるには、どんな分野においても一万時間程度の訓練が必要になるそうだ。

一日二、三時間、毎日訓練をつづけると一〇年くらいになる。これを「一〇年修行の法則」という。チェスや楽器演奏、ある種のスポーツ（とくに身体の肉体的成熟の完成が必須条件でないスポーツ）のように、一〇代半ばに一流になる、いわゆる「天才」と呼ばれる個人が出現することがたしかにある。しかし、そのような「天才」は、ほとんどの場合、非常に年少の頃から音楽やスポーツの道に進むことを決めていて、一〇代半ばにはすでに一〇年間におよぶトレーニングの集中期間を経てそこに至っている。

エリクソンたちは、プロの音楽家たちを四つのレベルにランク付けして、それにアマチュアレベルを加えて計五グループに分類した。そして、彼らの日常の活動を記した詳細な日記を提供してもらい、この人たちが四歳から二〇歳までの間にどのくらいの時間を練習に費やしたか推定した。すると、より達成度の高い熟達者は、達成度の低い熟達者に比べ、二〇歳までに約三倍もの練習時間を費やしていること、アマチュアレベルの人たちの累積練習時間は、最も達成度が高い熟達者グループの一〇分の一でしかないことがわかった。つまり、練習時間と熟達のレベルの間には歴然とした関係があるということだ。

練習の質

しかし、ただ時間をかければよいわけではない。エリクソンたちは練習時間と達成度の関係を調べただけでなく、練習の質についても調査を行った。アマチュアレベルの人たちは楽しみのための練習をする。それに対して、達成度の高い熟達者たちは、練習を楽しみではなく、向上のために行っている。

誰もが本番では集中して必死になる。しかし、練習でどれだけ必死になれるだろうか。エリクソンによればアマチュアレベルの人と達成度の高い熟達者との間の著しい違いは、練習中の集中度だ。達成度の高い熟達者の練習は高い集中度を保つため、メリハリをつける。集中度が落ちてくると休み、集中力が低下したまま、むやみに練習をつづけることはしない。一流の熟達者は極度に集中し、考え抜いた練習を、後に支障がないように持続できる最大の時間、行っているのである。

ほんとうに必要な集中力とは

アメリカには「ＩＴブートキャンプ」という特訓プログラムがあるという。軍隊式で一日一一時間、週六日、三カ月のコースで、ＩＴに関する知識と技術をたたきこむ。そのような集中コースが三カ月コースで受講料二〇〇万円以上という授業料にもかかわらず大人気で、入学が認められるのは応募者の三％程度であるそうだ（朝日新聞二〇一四年一二月三日付記事）。その選抜に合格するには、平均四〇時間かかるという課題をまずクリアしなければならない。第一次選考を通過すると、さらに一五〇時間かかる課題が待っているという。その課題を完成して提出できた人だけが最後の面接試験を受けることができるそうだ。

ほんとうに必要な集中力というのは、明日までに何かを仕上げる、時間制限の中で集中できるということだけではなく、集中力の緩急をつけて、困難な問題を途中で投げ出さずにやりぬくために、集中力のコントロールができることだ。この力を身につけるには、最小限の努力で効率的に知識を覚えること、つまりドネルケバブを大きくするというエピステモロジーを捨て、自分が最も大事だと思うことを長期にわたってやり抜く訓練を、小さいころから習慣づけて継続していくことしかないのではないだろうか。

集中力の訓練

実際、プロ棋士の羽生善治さんは、集中するために「ぼんやりする時間」を極力つくると著書に書いている。ご本人に直接聞いたことだが、運動選手がウォームアップをするように、簡単に解けるような詰将棋と難しい問題を織り交ぜながら集中力を高めていくそうである。

羽生さんは一〇代のころ、江戸時代につくられた非常に難しい詰将棋の問題に取り組んでいたそうだ。一問解くのに何カ月もかかる。考えはじめて、考えても考えても答えが出せず、あきらめる。別の日に考えはじめ、またあきらめる。それを繰り返しているうちに、ある日ふと光が見え、一気に答えに至る。この訓練が集中力のコントロールに非常に役立ったそうだ。

一時の数時間の集中力だけが大事なのではない。プロ棋士の島朗さんも著書の中で、自分の懸案の局面で最善の方針を見つけたいとか、他の棋士の指した手の真意を見つけたいなどの大きなテーマに取り組むときには、何週間、何カ月がかりで「わからない状態」を抱え、熟成させなければならない、と著書に書いている。

超一流の達人になるために求められる資質とは、ほんとうに考えに値する困難な問題を何カ月も、事によっては何年も、あきらめずに追いつづけられる耐久力だ。真の達人は上達のために考え抜いた練習を毎日長時間行っている。その時に長期間にわたる――ことによったら生涯にわたる——集中力を保つための工夫もいろいろ考えているのだ。

2　努力か、才能か

才能とは何か

超一流の達人は、質の高い練習を長期間にわたって毎日欠かさない。そういう姿を見ると、達人になるには、たゆまぬ努力が必要なのだと思わされる。とはいえ、そう思いながらも、「やっぱり最後は生まれつきの才能だ」と多くの人が信じているのではないか。努力か、才能か。この問題を科学的に検証するのは難しい。まず、「才能とは何か」をきちんと定義しなければならない。

「才能」ということばは、複数の異なる意味で使われているので要注意だ。才能は「すぐれた能力」という意味でよく使われる。その時には「持って生まれた」とか「生まれつきの」という意味合いはとくに必要ではない。そのような意味で「才能」ということばが使われることに問題はないと思われる。

ところが、「努力か、才能か」という問い方をするときは、才能ということばは「持って生まれた能力」という意味合いを持ち、「努力では到達できない能力」という意味合いが強くなる。この二番目の使い方は、実体のよくわからない漠然とした意味で使われているので、私には気持ちが悪い。

非常にすぐれた数学者や科学者になるための才能、すぐれたスポーツ選手や音楽家になるために必要な生まれつきの才能、チェスや将棋や囲碁の名人になるための才能、大企業の経営者として成功するための才能とは、それぞれ何だろうか。スポーツ選手のすぐれた運動能力は、持って生まれた反応の速さや動体視力などの視覚能力の高さが関係していると考える人は多い。これが一流のスポーツ選手になるための才能なのだろうか？　あるいは(それが何であれ)高性能の筋肉、肺、心臓などをつくりだすための「遺伝子」のようなものがあるのだろうか？

達人たちは、自分の分野で必要なことに関しては驚くべき記憶力を持つ。では、よい記憶力を持つことが才能なのだろうか？　将棋や囲碁の達人になるには「思考力」が最も大事だ。すぐれた記憶力や思考力を生むための遺伝子が存在するのだろうか？　一流の音楽家の多くは絶対音感がある。生得的に備わった絶対音感が一流の音楽家になるための条件であると信じている人は多い。それはほんとうなのだろうか？

原因か、結果か

才能が大事というからには、才能はごく少数の達人（「天才」と呼ばれる人）たちを生み出す原因でなくてはならない。結果ではない。しかし、「才能」の話はとかく、その達人がどのような遺伝的な素因を持っていたかという観点から語られる。一方で、「天才」や「抜きん出た達人」が、たゆまぬ努力をつづけていることも紛れもない事実である。

棋士の羽生善治さんが子どもの時から、常に己を律してストイックに努力を重ねてきたこと、独自の勉強法を模索しつづけてきたことは、ご自身や長年お付き合いのある方たちの回想などで明らかにされている。

野球のイチロー選手はどうだろうか。彼はインタビューで、小学生のころどのように練習していたかを語っている。イチロー選手は小学生のころから毎日バッティングセンターに通っていた。しかし、ただ普通にバッティング練習をしていたのではない。小学生のイチロー選手（というより子どものイチロー君）は、マシンのスプリングを目いっぱい硬くしてもらって、できるだけ速いボールが来るように調整してもらっていた。それでもプロが投げる球の速さではなかったので、バッターボックスの外に出て、より近い距離でボールを打ち、「プロはこのくらい速いボールを打っているのだ」と計算しながら練習をしていたそうだ。

このように、超一流の人は、超一流のパフォーマンスをするために、小さいころから質の高いトレーニング方法を模索しつづけ、実践しているのである。また、実践をしながら集中力の緩急の付け方、時間の配分のしかたも同時に学んでいる。

しかし、彼らと同じように小さいころから毎日練習していても、だれもが超一流のレベルに届くとは限らない。では、超一流のレベルにまで到達する「天才」と呼ばれる人たちには、いったいどんな特徴があるのだろうか？

性格が才能なのか

幼少のころから能力を発揮し、「天才」と呼ばれた人たちの自伝や様々な資料をもとにした研究の中には、天才たちの特徴は能力的なものよりむしろ、性格的なものであることを示しているものがある。のちに天才と呼ばれた人たちは、音楽にせよ、絵画にせよ、その分野で小さいときから極度なモチベーションを示すことが普通である。そういう「意志の強さ」を才能と呼ぶこともある。羽生善治さんは才能について問われると、「ひらめきやセンスも大切ですが、苦しまないで努力を続けられるということが何よりも大事な才能だと思いますね」と答えている。

たしかにその通りである。子どものころから何かに打ち込み、学校や近所の同年代の子どもが遊んでいるときに練習に励むのは、普通の感覚では簡単にできることではないかもしれない。しかし、問題はそのような意志の強さ、粘り強い性格が、生まれつきの素因で決まるか否かだ。

何かが好きで始めてみて夢中になり、練習すればするほど向上することがわかり、さらに練習するようになる。さきほど述べたように、練習に工夫を重ねること自体が喜びになり、生活の一部になる。このようなサイクルがあるとすると、そのような性格を「特段にすぐれた能力」という意味で「才能」と呼ぶことはかまわない。しかし、環境や努力と切り離された「生まれ持った素質」という意味で呼ぶことに、明確な科学的裏付けはない。

知能指数と天才

「頭のよさ」の指標とされることが多い「知能指数」（いわゆるＩＱ）はどうだろうか。国際的に活躍する数学者や科学者はＩＱが高いのだろうか？　多くの研究が行われているが、はっきりした結論は得られていない。その原因は「天才」をどのような人と捉えるかによるところが大きい。幼少期から非常に数学が得意で数学オリンピックの出場資格が得られる中学生、高校生がいる。彼らを「天才」と呼ぶ人たちもいる。

同年代の子どもに比べて、そのような子どもたちはたしかにＩＱスコアが高い傾向にある。また、ＩＱスコアが高い子どもは、あることを学習しはじめのときに、学習のスピードが速いこともわかっている。しかし、重要なことに、大人で、ある一定の水準以上のレベルの集団の中でのランキングとＩＱとの相関をみると、ほとんど関係がないことも報告されている。例えば、自然科学の分野の研究者の業績のレベルと高校生時点でのＩＱとの関係を調べた研究では、統計的にみて意味のある相関関係は認められなかった。つまり、研究の質や生産性とＩＱの間に関係は見いだされなかったのである。

余談だが、ＩＱとその研究者の所属する大学や研究機関のランクの間には相関がみられたそうである。この研究を発表したマイケル・コールという文化人類学者は、ある種の皮肉をこめて「言語性ＩＱの高い研究者は、研究の質そのものとは別に、自分の研究を上手にことばで売り込む能力にたけている人たちである」と述べている。客観的な数字で示される研究の質よりも、ことばで研究をアピールするのがうまく、その結果、ランクの高い大学や研究所に採用されやすいのだそうだ。

チェスがうまい人はＩＱが高いという印象を多くの人が持っている。ところが、研究者がきちんと調べたところ、世界ランキング上位のチェス選手のＩＱの平均は、チェス選手全体のＩ

Ｑの平均と変わらなかった。ＩＱは、どのくらい速くそこそこの水準に到達するか——つまり、学習の立ち上がりの速さ——をある程度予測する。しかし、どこまでそれぞれの分野で抜きん出た存在になれるかどうかの予測には、ほとんど役立たないそうだ。

身体能力と発達

身体の特性や能力は生まれつきの遺伝的素因の影響が大きいと思っている人は多いだろう。例えば、スポーツ選手のすぐれた運動能力は持って生まれた反応の速さや動体視力などの視覚能力の高さが関係していると考える人は多いはずだ。しかし、実際にはスポーツ選手の運動レベルとこれらの基礎能力の間の一貫した関係は見いだされていない。

一方で、スポーツや楽器演奏、ダンスやバレエなどの熟達者に見られる顕著な身体的特徴も生まれつきのものではなく、小さい頃からの訓練によって骨や関節などの構造が変化したことによるものが多いことがわかっている。例えば、バレリーナがあのように足を高く上げて回転できるのは、関節がもともと柔軟で動かせる範囲が普通の人より広いからではない。クラシックバレエで要求される関節の動きと反対の方向に足が動く範囲は、バレリーナのほうが一般の人よりもむしろ狭くなっているそうだ。

図 7-1 腕相撲世界チャンピオン．マティアス・シュリッテ(Robert Leeson/Newspix/Getty Images)

つまり、熟達者の持つ身体能力や身体的特徴は、幼いころからの集中的な訓練の結果であると考えられる。身体が通常の生活で受けるのとは異なる刺激を長年にわたって受けた結果、その刺激に向けて身体が適応していくのである。そのよい例が、アーチェリーの選手や腕相撲のプロ選手だ。彼らは利き腕の筋肉が極端に発達するので、利き腕ともう一方の腕の太さがまったく違ってしまう。図7-1は、ドイツの腕相撲チャンピオンのマティアス・シュリッテ選手である。このように、トレーニングの結果次第で身体の特徴に大きな違いが生まれるのだ。

同じことは絶対音感にもいえる。一流の音楽家の多くは絶対音感があることから、生まれつき備わった絶対音感が一流の音楽家になるための条件であると信じている人は多い。しかし、絶対音感自体、ほんとうに生まれつきの能力なのかどうかは最近多くの研究で疑問視されている。

メロディーの捉え方は発達によって変化する。多くの人は成長につれて、音の一つ一つに細かい注意を向けていくよりも、各音をばらばらに聴くのではなくメロディーという大きな単位に統合して捉えようとする傾向が強くなる。しかし、音楽に幼少から集中的に触れていると、音を大きくメロディーとして捉えつつも個々の音への注意を保持することができる。そのため、幼少期から音楽の勉強をしていた子どもは絶対音感を持ちやすいと考えることもできるわけだ。

この考えに従えば、絶対音感を持つためには幼少時の音楽の訓練が大事であるが、絶対音感を実現するための遺伝的素質は存在しないことになる。日本人の赤ちゃんでも最初は〝r〟（アール）と〝l〟（エル）の聞き分けができるが、発達につれて日本語を学習するのに適合していく結果、聞き分けができなくなるということを述べた。絶対音感も、それと同じように考えることが可能だ。もともとだれでも赤ちゃんのときには持っているが、音楽を大きくメロディーとして捉えるための認知能力が発達するにつれて音の絶対的なピッチへの注意が失われるのである。

天才の遺伝子？

文字をすぐに音に変換することができず、自動的に素早く読むことができない人たちを「ディスレクシア」(難読症患者)という。代々ディスレクシアを輩出しているフィンランドの家族に、ROBO1という遺伝的な変異が関わっているという研究報告がある。この遺伝子は発達過程で、左脳と右脳の間に神経接続を形成するのに重要な役割を果たすと考えられている。通常、文字をスムーズに読むのに効率のよい左半球に神経回路が発達する。ところが、ディスレクシアは遺伝的な変異により、効率のよくない右半球にその回路を作らなければならなくなり、そのためにスムーズに文字を読むことができないと考える研究者もいる。ディスレクシアの人は文字を書くときも鏡文字(左右を反転させた文字で、鏡に映すと普通の文字になる。例えば、bをdと書く)を頻繁に書くことが知られている。

興味深いことに、ディスレクシアによる難読に苦しむ人々のなかには、「読み」以外の部分では普通の人にない特異な能力を持つことが多い。とくに、普通の人にはできない空間の捉え方や複雑なパターンを見分ける能力に長けていると言われている。歴史上「天才」と呼ばれたトーマス・エジソン、レオナルド・ダ・ヴィンチ、アルバート・アインシュタイン、サグラダ・ファミリアを設計したスペインの鬼才アントニ・ガウディも、ディスレクシアだったと考えられている。図7-2はダ・ヴィンチのノートの一部であるが、すべてが鏡文字で書かれている。

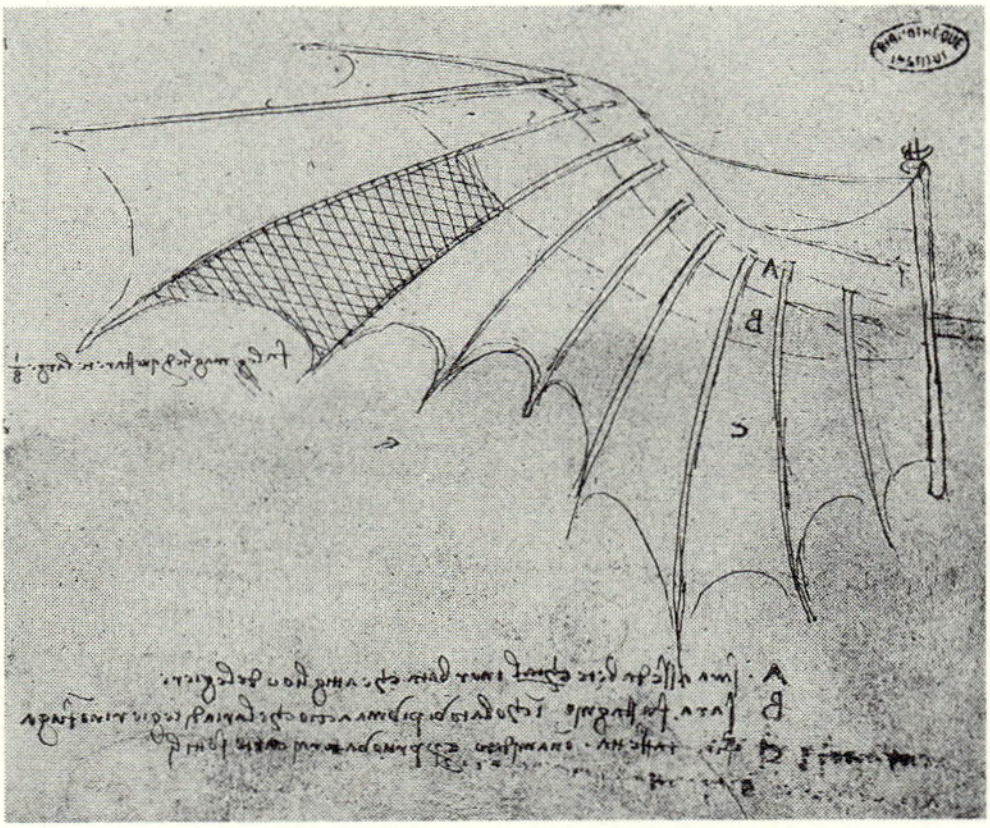

図 7–2　ダ・ヴィンチのノート．鏡文字の例(TopFoto/アフロ)

自閉症やディスレクシアの人たちの例から浮かび上がってくる「天才」たちは、たしかに生得的な要因が関わっているといえる。しかし、ディスレクシアの原因になっている遺伝子が天才の条件であるということではもちろんない。ディスレクシアのすべての人が長じてダ・ヴィンチ、エジソン、アインシュタインのように「天才」と呼ばれるようになったわけではないからだ。これらの歴史に名を遺した偉人たちの傑出した能力は、「恵まれた天才の遺伝子」を持って生まれたというよりは、遺伝子の変異などにより、脳が通常の定型的な学習回路を発達させることができず、普通とは違う脳の部位でその機能を代替させたことから偶発的に起こったと考えるべきだ。

いずれにせよ、普通とは違う遺伝的形質を持ったごく少数の人が、長じて「天才」と呼ばれるようになったということから、彼らの遺伝的形質を天才の素因とすぐに結びつけることには注意が必要だ。きちんと結論づけるには、その形質を持った人で「天才」と呼ばれるようになった人が、その形質を持った人全体(つまり形質を持って天才になった人と、形質を持ちながら天才にならなかった人の両方)の中でどのくらいの割合いるのか、そしてその割合が、その形質を持たない人と比べて統計的に考えて高いかどうか、ということを考慮して判断しなければならないのである。

私たちはそれぞれに異なる遺伝的形質を持つ。難読症の原因となるような特別な遺伝子でなくても、遺伝情報によって視覚情報や聴覚情報の処理のされかたに個人差は生まれるし、それが特定の分野への向き不向きにつながることもある。細かい手作業が得意な人もいれば苦手な人もいる。非常に細かい部分に注意が行きやすい人もいれば、細かい部分は見落としがちだが大まかな構造を把握するのが得意な人もいる。そのような適性を無視して、努力さえすれば必ず一流になれると考えるのは早計である。

ひとつ言えるのは、才能の有無を決定する「将棋の遺伝子」「芸術の遺伝子」などのような単一の遺伝子が存在する可能性はないということだ。あらゆる能力は多くの遺伝子と環境要因、成熟要因が複雑に絡み合うところに出現するのである。細かなところへ目が行く、大まかな構造をつかむのが得意、などの生まれながらの特徴と思われそうな認知の特性でさえ、情報処理をするときのほんの些細な特徴が環境に作用することで生まれる。そのようにして、少し目立つようになったその特徴に、まわりの大人が反応してさらにそれを助長する、ということの繰り返しによって、雪玉がころがって大きくなっていくように長い期間をかけて作り上げられていくものなのだ。

難読症に限らず、何らかの認知機能の障害を持ちながら天才と呼ばれた人たちが私たちに教えてくれること。それは「天才」となるための決まった遺伝子はないこと、よい環境があれば普通は「欠陥」とみなされてしまう認知の特徴を生かし、人にはできない能力を発揮する可能性が誰にでもあるということだ。

３　熟達と創造性

創造性とは何か

他の人にできないことができる人たちを私たちは「独創的」「創造的」と称賛し、「天才」はそういうことができる人だというイメージを持つ。他方、「天才」というと生まれながらの天賦の才能を持ち、努力せずに人ができない独創性、創造性を持てる人のこと、というイメージも持ちがちだ。

しかし考えてみると、超一流の達人の創造性のあり方は分野によってずいぶん違う。美術などでは過去になかったスタイルが創造的であると言われる。科学では、まだだれも先人が発見していなかったことを発見した人を偉大で創造的な科学者という。しかし音楽演奏、バレエ、能などのパフォーミングアーツでは、長い間、何千、何万というアーティストが同じ楽曲やプログラムを演奏、演技し続けている。このような分野では、楽曲の譜や指示に対して忠実でありながら、自分なりの解釈、自分なりの表現を探究し、自分のスタイルを作り上げることが求められ、自分独自のスタイルが「創造的」であると評価される。

創造性はもちろん芸術や科学の分野に限るものではない。スポーツにおいても、ビジネスにおいても、他の人には真似のできない自分独自のスタイルですぐれた判断、パフォーマンスをすることができる人は創造的な人である。

熟達の先にある創造性

このように考えると、創造性は特別な才能を持った人が特別な分野で示す特別な能力ではなく、状況に合わせて自分独自のスタイルで問題を解決できる能力に他ならない。第4章で熟達者の最大の特徴は臨機応変であることと述べたが、創造性は臨機応変であることの延長線上にある。

NHKの「プロフェッショナル――仕事の流儀」というテレビ番組に出演する人たちは、みな非常に創造的な熟達者ばかりだ。例えば、ある回では、クレーンでコンテナを船に積む作業を行う、通称「ガンマン」と呼ばれる職業で抜きん出た存在の人を紹介していた。ガントリークレーンという超大型の特殊なクレーンで何トンもの鉄の箱であるコンテナをトレーラーから一つ一つワイヤーでつるし上げ、船の指定の場所に積み込んでいく。クレーンの操作をする場所は高さ五〇メートルの場所にある。床はガラス張りで、そこから五〇メートル下の船底を見ながら積み下ろし先にコンテナを積んでいく。

この番組で紹介されていた達人は、世界平均の一・五倍の速さでコンテナを積むことができ、しかも、着地の時の衝撃を最小限にするためにコンテナを着地直前の空中でピタリと止め、そこからゆっくりと下ろしていくという、他の人にはできない技を持っている。番組中で最も印象的だったのは、思わぬ事態に見舞われた時の対処のしかただった。ある時、コンテナをつるすワイヤーの長さを調節する機器に不具合が起こり、コンテナが傾いてしまった。コンテナを元の位置に戻すこともできず、傾いたままでは船に下ろすこともできず、前にも後ろにも進めない状況になってしまった。その中で、コンテナを水平に戻すために、コンテナを壁に当てて揺らしてみたり、角のひとつをレールに当てながら、レバーで揺れを制御してみたりして、なんとかコンテナを水平にし、とうとうそのコンテナを船に納めることができた。

このような臨機応変な対処は、まさに熟練をベースにした創造的な問題解決そのものだ。長年の熟練により、いつもと違う状況で、いつもと同じことが通じないときに、他の人とちがうモノの見方、捉え方ができ、別の対応を考えることができるのだ。逆に言うと、何もないところから一気にまったく新しいものを生む創造性は存在しない。実際、多くの分野において創造的なパフォーマンスというのは、まったく存在しない要素を創り出すことではなく、すでに存在する要素をいままでにないやり方で組み合わせることから生まれるのである。

飽くなき向上心

熟達者にはあることが素早く正確に安定してできるというレベルで留まるタイプと、それを打ち破り、常に新たな境地を求めるタイプがいるということを前に述べた。その分野で超一流と目されている人たちはマンネリになることがもっとも我慢できないことであり、常にブレークスルーを目指している。自分の時代に存在する最高の技術や知識を体に叩き込んだ上で自分の現状に課題を見つけ、自分なりのしかたで現状を乗り越え、向上を目指した結果として創造的と人が認めるパフォーマンスが可能になるのである。

葛飾北斎が死に際に残したことばは、「もう一〇年、いや五年の命を与えてくれたら、まことの絵師になれただろうに」だったそうである。北斎は七〇歳を過ぎて「富嶽三十六景」を完成させたときのあとがきにこのように書き残しているそうだ。

七〇歳以前に書いたものはまったく取るに足りないもの
七三歳で鳥やけもの、魚の骨格の何たるかをいくらかは悟ることができた
このまま修行をつづけていれば一〇〇歳で神妙の域に達することができるだろう
一一〇歳までつづけられれば一点一画が生きているもののように描けるようになる

真に創造的な人たちは向上することへの挑戦を止めない人たちである。「創造性」は天から降ってくるものではない。

4　「天才」とはどんな人か？

思い込みにとらわれない

羽生善治さんは著書『大局観』の中で、創造性について、膨大な数の棋譜を覚えながら、「必要でないときには大胆に捨てるが、必要になった時に拾い上げ、それをもとに新たな創造をする」「情報や知識はしばしば創造に干渉する。情報や知識が先入観や思い込みを作ってしまい、アイディアが浮かばなくなってしまう」という趣旨のことを書いている。棋譜の勉強がいらないと言っているわけではない。膨大な数の棋譜を勉強し、頭に叩き込みながらも、それによって思い込みをつくらないように意識している、ということだろう。

本書でこれまで述べてきたように、いま持っている知識は新しい知識を創るベースとなるとともに、軛《くびき》ともなる。そもそも熟達という過程は対立する二つの方向性に折り合いをつけなければならない過程にほかならないのだ。第6章で述べたことを思い出してほしい。熟達するにつれて、知識は大きなシステムとなり、安定し、いろいろと考えずに自動的に身体が動くようになる。それはものごとを正確にぶれなく行うためにとても大事なことだ。しかし一方で、それは慣れとなり創造性の足を引っ張る。一流の熟達者が創造的であるのは、彼らが「思い込み」にはまらないように、常に意識的に思い込みを破ろうとしているからだ。

科学的発見は「思い込み」の克服から

誤った思い込み知識は、科学概念の学習と発見にとって致命的になりうる。一般的に科学の大発見は多くの場合、いままでの理論では予想されなかったデータが得られたときに起こる。実験をして、いままでの理論では説明できない予想外の結果が得られたときに科学者のとる態度には二つある。理論が誤りだと考え、新たな理論を考えるか、あるいは実験のしかた、または分析のどこかに誤りがあったと考えるか。

科学の研究はまったく仮説のないところから始めることはありえない。何の理論もなく、予想もなければ、何を観測したらよいのか、観測されるデータのどこを見ればよいのか、何を実験すればよいのか、どのような実験を計画したらよいかを決めることができないからである。自分の仮説を持って研究をするということは、その仮説が正しいことを示すのにバイアスがかかるということだ。エスタブリッシュされた科学者でさえ、このバイアスに打ち克つのは非常に困難で、多くの場合は、予想と違う観測値は無視したり、実験の手続き上の間違いだと思ってしまったりする。その中で、予期せぬデータに直面したときに、自分の仮説に縛られず、データを説明できるあらゆる可能性を考えて、最終的にそのデータを説明する別の理論を考え出すことができた人が、偉大な発見によって科学史上に名前を残した人たちである。

ケプラーとブラーエ

例えば、惑星の軌道が円ではなく楕円であることを発見したヨハネス・ケプラーは、まだ天動説が強く信じられていた時代に惑星の運動の仕組みを明らかにしようとしていた。当時、コペルニクスが地動説を唱えていたとはいえ、まだそれを受け入れる研究者は少なかった。コペルニクスでさえ、惑星は太陽を中心に円軌道を描いて運動していると信じていて、楕円の軌道で惑星が運動するとはまったく誰も考えていなかった。

ケプラーと同時代に、ティコ・ブラーエという当時最も有力だった天文学者がいた。ブラーエは当時では最も正確で膨大な観測データを持っていたが、地動説が正しければ観測されるはずの年周視差（地球の公転運動のために地球の位置が変わると、地球との距離がより近い恒星は遠い恒星に対して位置が変わって見える現象のこと）が観測されなかった。このことから、ブラーエ自身はコペルニクスの地動説を否定し、天動説が正しいと結論づけていた。

ブラーエが記録した膨大なデータを彼の弟子であったケプラーが手に入れ、火星の軌道の計算をしていた。ケプラーは、一五八〇年から一六〇〇年の二〇年間に、火星が地球に最も接近する時(衝の時)の一〇回の観測データに注目した。すると、真円軌道と仮定して計算すると、ブラーエのデータとどうしても合わない。理論値と観測値の差は〇・一三度であった。普通の天文学者なら、これは間違いなく「誤差」と結論づけただろう。しかし、ケプラーはこのわずかなズレを、ブラーエの観測精度から考えて、ありえない数字であると直観した。当時、コンピュータがなかった時代に、数字のズレが計算ミスによるものではないことを確かめるため、三年あまりにわたってこつこつ検算をつづけ、やはり、惑星が真円軌道で運動することはありえないという結論に達した。その後、卵型の軌道など、円軌道以外の様々な可能性も試し、やはり観測値と計算値が合わなかった。最後にたどりついたのが楕円軌道だったのだという。データを集めた本人のブラーエは天動説を信じていたため、この理論値と観測値の

図7-3 ヨハネス・ケプラー(上)とティコ・ブラーエ(下)

差を誤差とみなしてそれ以上進むことができなかったのである。

ただし、思い込みなしで何かを学習することは、ほぼ不可能であるということを再度強調しておきたい。人は何がしかの「あたり」(直観)がなければ、何かを学習することは非常に難しい。科学も同じである。その「あたり」(つまり「仮説」)は、まだ「思い込み」の段階のものだと言ってもよい。思い込み(仮説)は正しい場合も正しくない場合も、もちろんある。すでに何度も述べたように、何かを学習し、習熟していく過程で大事なことは、誤ったスキーマをつくらないことではなく、誤った知識を修正し、それとともにスキーマを修正していくことなのである。

セレンディピティ

ちょっと脱線するが、セレンディピティということばがある。もともとは「セレンディップの三人の王子」という童話で、賢い王子が予期しないことに遭遇したときに、そこからいつも、幸運をもたらす発見をするところから、ホレス・ウォルポールというイギリスの小説家が造ったことばだそうである。考えてみれば、シャーロック・ホームズがしている推理もセレンディピティと言えるだろう。

科学ではこれが世紀の発見をもたらすカギだと言われている。自分の予想と違う現象をみたときに、それを見過ごさず、いかにそこから別の可能性を見いだすことができるかだ。ノーベル賞の創始者のアルフレッド・ノーベルのダイナマイトの発見もそうだった。X線の発見も、ペニシリンの発見も、セレンディピティなしに生まれなかった。ケプラーがティコ・ブラーエの観測データと理論値のズレがおかしいと気づいたのも、まさにセレンディピティである。

いずれにせよ、逸話から浮かび上がるケプラー像は、本章で述べてきた超一流の熟達者の特徴にぴたりと当てはまる。長年の努力と研鑽の結果である広く深い知識、そこから生まれる直観、その分野で広く信じられていた常識にも、自分の直観にも支配されない思考の柔軟性。そして直観を修正し、データに基づいて論理を積み重ねて熟慮する批判的思考力。何年にもわたってこつこつと続ける粘り強さ。そのすべてを満たすことが、科学にも、その他の分野でも、創造的であるために必要不可欠なのだ。

自己分析力と目標

「天才」と呼ばれる一流人に共通しているのは向上への意欲だけではない。自分の状態を的確に分析し、それに従って自分の問題点を見つけ、その克服のためによりよい練習方法を独自で考える能力と自己管理能力が非常にすぐれているのである。若くして卓越した熟達者になる、いわゆる「天才」と呼ばれる人たちは非常に早期からこの能力を身につけている。

目標設定が大事ということはだれでもわかる。ただし、目標を的確に設定することは簡単にできることではない。羽生善治さんは著書『大局観』で目標について、「あるときには、目標を作ることで、義務感が強くなってしまうことがある。またあるときには、本来もっと多くのこと、難しいこともできるのに、目標が設定されたことによって限定されたところに安住してしまうこともある。しかし、目標はクリアできなかったものの、そのプロセスで多くのことを学んで気が付いたら実力をあげていたということもある」という趣旨のことを書いている。目標設定がうまく的確にできなければかえって自分のポテンシャルを生かし切ることができず、目標達成ができずにストレスを感じるだけで終わってしまうこともよくあることだ。

どういう自分になりたいか、そのためにどういう訓練をすればよいかということの具体的なイメージなしに、「東大に入る」「金メダルを取る」「社長になる」という結果の願望を持つだけでは熟達者になれない。イチロー選手は「プロ野球選手になる」という目標を小学生の時から持っていたが、その目標は単にその地位を獲得して華やかな場に身を置き高収入を得たいためではなかったはずだ。プロ選手がどのようなパフォーマンスをするかという明確なイメージを持ち、そのイメージを実現するのが目標だったのである。バッティングセンターで可能なかぎり最も速いスピードを設定してもらい、バッターボックスの外に出てプロの投手の投げる球を体感していたのはそのためだ。

第4章の最後に書いたことの繰り返しになるが、一流になる人々は、どういうことができるようになりたいのか、一流のパフォーマンスは何なのかを具体的にイメージできる。つまり、自分の中で理想とするパフォーマンスが心の眼で「見える」。そして、そこに向かって自分が何をすべきなのかを考えることができる人々なのである。さらにそれを突き詰めると、的確な目標を持てるということは、

●その分野の超一流の人のパフォーマンスがどのようなものなのかを理解できる。

●いまの自分がどのくらいのレベルにあって、超一流の人たちとどのくらい隔たりがあるかわかる。

●その隔たりを埋めるために何をしたらよいのかが具体的にイメージできる。

ということだ。自分が超一流になり、自分よりも上の人がほとんどいなくなっても、自分の中で、いまよりももっと上にいる自分、目指すべきパフォーマンスがイメージできる。自分が（そして他の人も）まだ到達していない地点が見え、そこに至る道筋が見える。それが超一流の

熟達者と一流の熟達者の違いである。ここでいう「目指すべきパフォーマンス」や「そこに到達するための具体的な道筋や方策」が見えるようになるというのは、その分野の学習での多大な経験と深い知識が要求されることだ。

終章　探究人を育てる

1　探究人を育てるためのシンプルな鉄則

探究人は新しい道を開く人

「天才」と呼ばれる人は、どこまでも探究し、新しい道を開く人である。誰もがそのような人材を育てたいと思う。では、どのようにしたらよいのか。子どもが将来選択した分野の達人になる手助けをするためのほんとうにシンプルな鉄則。それは以下の二カ条である。

第一条　探究エピステモロジーを持つこと

どのような分野でも、一流の達人は、向上をするための手立てを常に模索し、実践する探究人だ。探究人になるために第一に必要なこと。それは探究エピステモロジーを持つことだ。第6章で述べたドネルケバブ・モデルを思い出してほしい。このエピステモロジーを持っていたら探究人にはなれない。知識は自分で発見するもの。使うことで身体の一部にするもの。システムの一部であること。そしてシステムとともにどんどん変化していくもの。このエピステモロジーはまさに探究を招くエピステモロジーである。探究人を育てるということは、このエピステモロジーをいかに育てるかというところから始まる。

小さい子どもは、第6章で述べた評価・構築主義のエピステモロジーを持つことは難しい。最も発達的に進んだ、右のようなエピステモロジーを、頭でなく身体の一部として理解するためには、データ(証拠)から論理を構築していくためのスキルが必要だからだ。しかし、その萌芽は幼児期から育てられる。様々な現象に対して「なぜ？」と問い、自分から答えを求めていく姿勢である。これは「知識は教えてもらうものではなく、自分で発見するもの」という認識につながるからだ。

第二条　親も探究人であること

子どもが探究人であるためには、親も探究人のエピステモロジーを持ち、探究人になることが欠かせない。小さい子どもほど親の価値観に敏感である。親自身が探究エピステモロジーを持つ探究人であれば、子どもがそのエピステモロジーを持つようになる可能性は非常に高い。

子育ては決まった答えがないもっとも複雑な問題のひとつである。親が自分の子どもを見ずに世間を見て、よい子育ての方法はひとつ、望ましい子育ての結果もただひとつと考えるエピステモロジーを持っている場合と、子どもを注意深く観察し、寄り添いながらいっしょに何が（ベストではなく）ベターかを考えていこうとするエピステモロジーを持っている場合とでは、子育てのしかたは自ずから違ってくる。これまで述べてきた様々なことをもとに、子どもとともに親が探究人になるためのヒントのいくつかを述べていこう。

効率を求める危うさ

探究を自ら経験し、その楽しさを味わい、それが習慣となること。それが探究エピステモロジーを持つためには絶対に必要である。では、そのためにはどのように子どもを教育したらよいのだろうか。

まず、ことばに要注意である。言語を習得するとき、大人が外国語を学ぶときに「教えてもらわなければわからない」と思っていることを、母語を学ぶ子どもはすべて自分で発見し、自分の身体の一部にしている。つまり、極論すれば、子どもに発見することの大事さなど教える必要はないということになる。子どもは生まれながらに、自分で知識を発見するようにできているのだから。では、子どもが探究エピステモロジーを失ってしまうのはなぜだろうか？

ことばがわかるようになると、ことばで「教える」「教えられる」ことができるようになる。人類は言語を持つことで先駆者が築いてきた知識を次世代に受け継ぎ、その知性を進化させてきた。ことばで指示し、教えることは知識を共有するために非常に効率的だ。しかし、その効率性の背後に危うさも潜む。ことばを使って教えられるとき、言っていることの、あるいは書かれていることの、その字面だけを理解してわかった気になってしまうのである。ことばで教えられ、それを「覚える」と、ほんとうは理解していないのに、「覚えたからわかった」と思ってしまう。教えるほうも、質問をしたときに相手がキーワードを使って答えると「理解した」と思ってしまう。教えるほうも教わるほうもことばで教える、教わるのは効率的なので、それが規範となってしまい、「覚える」ことが知識を得ることだ、たくさん覚えることが最もよいことだというドネルケバブ・エピステモロジーを持ってしまうのだ。

「たくさん覚えることが大事」というドネルケバブ・エピステモロジーを親が持つと、できるだけたくさんの知識を効率よく得ることが子どもにとってもよいことだと考える。すると、子どもがじっくりと好きなように遊んだり考えたりするよりも、ことばで記述された、たくさんの「知識の断片」を覚えることのほうが大事だと思ってしまう。かくして子どもは小さいころから「教えてもらうことを覚える」のに慣れ、それが当たり前だと思ってしまい、生来実践していた「自ら発見する」ことをしなくなってしまうのである。

ことばを暗記すること、ことばを使って考えること

もちろん、ことばを介して学ぶことがいけないと言っているわけではない。そこは誤解しないでほしい。子どもはことばを通して多くの知識を学ぶし、それは社会で生きるために習得しなければならない巨大な概念のシステムを立ち上げるのに絶対に必要なことだ。しかし、小さい子どもはことばを暗記するのではなく、ことばが指し示す概念を自分で推論して学ぶ。

私自身、このような実験をしたことがある。三歳児と五歳児にクジラは「イドフォーム」という酵素を持っていると教えた。「イドフォーム」は実際には存在しないことばだ。そして、サルとサメの絵を見せて、「イドフォーム」を持っているのはどちらかと尋ねた。半分の子どもには絵を見せただけで質問をした。もう半分の子どもには、クジラとサルは「ホニュウルイ」で、サメは「ギョルイ」であると言った。「哺乳類」「魚類」の概念は何も教えず、ことばだけを教えたのである。絵を見ただけの子どもはみなサメを選んだ。しかし、クジラとサルが両方同じ「ホニュウルイ」という名前をもつ動物だと知った子どもは、クジラと同じ酵素を持つのはサルだと考えたのだ。「クジラは○○という酵素を持っている」ということを丸暗記で

覚えることと、「哺乳類」のようなことばを頼りに自分で一般化して概念をつくっていく過程とはまったく違うのである。

何度も繰り返すが、暗記のすべてが悪いと言いたいわけではない。その意味を深く理解しようとせずに、とにかく暗記すればその概念を知ったことになる、というエピステモロジーのもとでの暗記が、ドネルケバブ様の知識になってしまうのだ。

2　遊びの中から探究心を育む

遊びは探究の宝庫

エピステモロジーは生き方の問題でもある。子どもは親や教師の背中を見て育つ。子どもは探究するべきだが、自分はもう学校教育を卒業したから自分には関係ない、あるいは子どもを探究人にするのは学校に任せておけばよいという気持ちを親や教師が持っていたら探究人は育たない。探究の芽を育むのは日々の生活である。とくに遊びは探究の宝庫である。

探究エピステモロジーを育てるために大事なこと。そのひとつは、もちろん自分で発見すること、自分で何かを創り出すことに喜びを見いだすことだ。しかし、それと同じくらい大事なのに忘れがちなことは、粘り強さを育てることである。

「粘り強さ」ということばもいろいろに解釈できることばで、人はそれぞれ違う意味で納得してしまいがちだ。ここでいう「粘り強さ」は、英語でいうと二つの違う意味のことば、エンデュアランス(endurance)とレジリエンス(resilience)を併せた概念、つまり長くつづけられる「根気」と、失敗してもあきらめない「打たれ強さ」の両方と思ってほしい。第7章で述べたように、超一流の熟達者になるための条件で最も大事なことは、集中した訓練をずっと何年も何年も毎日つづけられることだ。創造性は訓練の積み重ねの先に生まれる。その過程において必要な「粘り強さ」は同じことを日々新しい視点でずっとつづけられる心、その時につまずいてもあきらめずに乗り越えられる心だ。

子どもはもともと発見、創造を得意としている。しかし、飽きっぽい。子どものうちに鍛えなければならないのは、創造性よりもむしろ、難しいことをすぐにあきらめず、同じことを繰り返すことに飽きたりせず、粘り強くつづける力なのである。その「粘り強さ」を育むのが遊びだ。

ごっこ遊びとことばの発達

遊びの効用はいろいろある。遊びは、人をリフレッシュさせ、人との社会的な関係を築いていくのに役立つ。運動をともなう遊びは運動能力の発達にも重要だ。しかし、それ以上に、子どもの時の遊びは知性の発達に非常に重要なのである。

知性の発達の根幹は、象徴する能力である。人間以外の動物と比べて人間が格段に違っているのは、この「象徴能力」であると言ってもよいだろう。一般的には「象徴」ということばは「ハトは平和の象徴」というように使われる。ここでの「象徴」は、目に見えない抽象的な概念をある具体物に代表させる機能という意味で使われている。しかし、本来「象徴」というのはその逆の方向、つまり具体から情報のエッセンスだけを取り出し抽象化したものなのである。私たちが目の前にしているモノや出来事は、膨大な情報を含んでいる。同じモノでも光の当たり方によって目に入ってくる情報は違う。膨大な情報を必要最小限のエッセンスに圧縮し、抽象化したものが象徴（シンボル）である。

私たちは絵を描くとき、程度の差はあれ、すべて自分で観た世界をシンボル化している。どんなに精密な具象画でも、目にした世界をある一定の光や環境のもとで切り取り、自分の解釈を加えて「心で観た世界」を描くのである。

言語は究極の象徴だ。ことばはモノや動作、出来事に対し、絞り込まれた特定の基準だけに注目してカテゴリーをつくる。つまり、言語は世界を多様な、しかし一貫した基準で切り取り、まとめ、象徴化し、さらに個々の象徴を関連づけてシステムをつくっているのである。世界の膨大な情報の中で不必要なものを捨象し、象徴にすることによって、私たちは一つの象徴を他の象徴と組み合わせ、新しい象徴、つまり「新しい知識」をつくることができるようになる。

子どもは自然と「ごっこ遊び」をする。ごっこ遊びの中で子どもは、モノの特徴に惑わされずにモノを象徴的に扱う能力を発達させていく。例えば、子どもが、コップがないのに何かをコップに見立てて(あるいはモノなしで)コップで飲む真似をしていたら、コップの色や形に関係なく、コップの機能を理解し、それを象徴化して「コップで飲むふり」をしていたということだ。子どもは遊びを通じて、ことばを学ぶために必要な世界の様々な様相を切り取り象徴化することを試していると言ってもよい。

実際、ごっこ遊びと言語の発達は連動して起こっている。最初は哺乳瓶の形をしたおもちゃがないと人形にミルクを飲ませることができなかったのが、少し大きくなると積み木などの機能が定まっていないモノで代用できるようになる。そのうち、モノがなくても「ふり」だけで人形にミルクをあげることができる。あるいは哺乳瓶とはまったく形も機能も違うものを哺乳瓶に見立てることができるようになる。このように、ことばと象徴能力は遊びを仲介にしていっしょに発達していくのである。

遊びの五原則

世界を象徴化することを学ぶことが大事で、そのために遊びが大事なのなら、象徴化を助ける遊びをするのがよいと考えるのは自然なことだ。実際、世の中には、「遊びながら○○を覚えます」とうたった玩具、また英語や音楽、体操などのレッスンがあふれている。そういう「遊び」が子どもの知的能力を発達させる「よい遊び」なのだろうか。

遊びの重要性を指摘し、子どもがそこから学ぶことができる遊びの重要性を訴えて世界中から注目されている研究者たちがアメリカにいる。テンプル大学のキャシー・ハーシュパセクとデラウエア大学のロバータ・ゴリンコフだ。彼女たちは「遊び」について以下のような五原則を提唱している。

遊びの五原則

1　遊びは楽しくなければならない。

2　遊びはそれ自体が目的であるべきで、何か他の目的(例えば、文字を読むため、英語を話せるようになるため）であってはならない。

3 遊びは遊ぶ人の自発的な選択によるものでなければならない。

4 遊びは遊ぶ人が能動的に関わらなければならない。遊ばせてもらっていたら遊びではない。

5 遊びは現実から離れたもので、演技のようなものである。子どもが何かの「ふり」をしていたらそれは遊びである。

よくあるような「遊び感覚で○○を学ぶ」のはほんとうの遊びかどうか、もういちど大人は考えるべきだ。以上の五原則を子ども側で満たしていたら、それは「遊び」だと言ってよいだろう。しかし、塾や親は「遊び」と考えていても、子どもが「させられている」とか「これはお勉強」と思い、単に受動的に指示されたことをしていると感じていたら、それは「遊び」ではなくなってしまうのである。

遊び道具と遊び方

象徴能力を育むために知っておいてほしいことが、もうひとつある。創造性につながる「象徴」というのは目の前にしているモノの特徴にとらわれず、それに違う役割を与えたり、違う見方をしたりすることができるということだ。ある機能に限定された道具やおもちゃのみ子どもに与えつづけていると、子どもが本来持つ、ものごとを象徴化する能力を損ねてしまう危険性がある。それを示すこのような研究がある。

子どもを二つのグループに分け、ひとつのグループには答えがひとつに決まってしまう遊び道具（目的限定の道具）を与え、もうひとつのグループには「正しい答え」がない遊び道具（目的非限定の道具）を与えた。子どもが一定時間、その道具で遊んだあとで、レゴブロックを与え、どのようなものをつくるか見てみた。すると、目的非限定の道具で遊んでいた子どもたちはバリエーションに富む様々な構造をつくることができ、それぞれに独創的な名前をつけることができた。試行錯誤を繰り返し、飽きることもなかった。反対に、目的限定の道具を与えられた子どもたちは、行き詰まるとそこで思考停止状態になってしまい、何度も同じことを繰り返していた。あきらめるのも早かった。

この研究はどのようなおもちゃを選ぶかということだけではなく、子どもの遊び全般に対して大切なことを教えてくれる。ある特定の機能を持つおもちゃは、子どもの興味を引きやすい。ボタンを押すとすぐに音楽が流れたり、動き出したりする機能をもつおもちゃに子どもは大きく興味を引かれ、最初のころは熱心に遊ぶ。「脳に刺激を与えるおもちゃ」とか「脳が活性化するおもちゃ」というようなうたい文句が書いてあったら、買う前に第5章で述べたことを思い出して、ちょっと考えてみてほしい。そのように一時的に脳(とくに前頭葉)を活性化させることが、知性の発達や情動の発達に長期的に役立つという証拠は存在しないのである。

おもちゃを選ぶときには、子どもがすぐに飛びつくかということではなく、そのおもちゃを子どもが使う中でどのくらい、いろいろなことを試し、象徴化し、創造の羽をはばたかせられるのかということを考えてほしい。子どもがすぐに夢中になってもすぐに飽きてしまうおもちゃや、一度あるやり方で完成させると他のやり方を考える必要がないおもちゃ、音や動きの刺激が次々と繰り出され、子どもに考える余地を与えないおもちゃは、想像力をかき立てることがあまりなく、創造性を育むことにはつながらないだろう。

よい絵本も同じだ。子どもは毎日違う絵本を読んでもらうことよりも、好きな絵本を繰り返し読んでもらうことを好む。同じお話を何度も聞くことはとても大事だ。毎回ちょっとずつ違う気持ちで同じお話を聞き、すこしずつ違う発見をする。超一流の達人は自分が極めようとすることを常に新しい視点で新しい工夫をしながら続けることができる人である。そのことの萌芽が、ここで生まれるのである。

3　学ぶ力は自分で身につける

結果に対する報酬はマイナスに働く

子どもは叱るよりも、ほめることが大事だ。これは多くの人が知っていることだが、ほめれば何でもよいというわけではない。何に対してほめるのかが大事なのだ。

どのようなほめ方をしたら子どもの算数への取り組み方が向上するかを調べた研究がある。子どもはコンピュータゲーム形式で算数の問題に取り組んだ。子どもを二つのグループに分け、一方のグループの子どもは正解をするとほめられ、別のグループでは学ぶ態度をほめられた。態度をほめられたグループの子どもは、正解をほめられた子どもよりも、算数の理解の向上が著しかった。しかし、もっと重要なことに、算数に対する態度が変わり、正解に対してほめられた子どもたちよりも、難しい問題に取り組む時間が長くなったのである。

正解に対してお金やモノで報酬を与えつづけると、効果がないばかりか逆効果である、というショッキングな結果を報告した研究もある。ある研究では算数と関連した「ゲーム」を小学四年生と五年生にさせた。このとき、ゲームをした半数の子どもには報酬を与え、もう半数の子どもには報酬を与えなかった。さて、どちらの子どもの方がゲームを楽しんだのだろうか。報酬を与えられた子どもは当初は嬉々としてゲームに勤しんだ。しかし、報酬がなくなるとゲームに対する興味は急激に落ち、もともとまったく報酬が与えられなかった子どもたちよりもそのゲームをしなくなったのである。

結果に対する物質的な報酬は創造的な思考にも悪影響を及ぼすことが別の研究で示されている。この研究では小学四年生、五年生に仮説を生成して問題解決をするような課題をさせた。「よくできた人にはおもちゃをあげる」と報酬を約束された子どもは、約束をされなかった子どもに比べ、系統だった仮説をつくることができなかった。さらに、一週間後にこれに関連した別の問題をさせると、報酬を約束された子どもは約束されない子どもに比べ成績が悪かったのである。

報酬のために何かをさせると、子どもは自発的な興味を失い、報酬を得るためにその課題をするようになる。すると自分なりの工夫をしなくなり、報酬がもらえるように、手っ取り早い方法でいい加減に結果を出そうとしてしまうのだ。

自由放任では探究人は育たない

昨今、「批判的思考」と並んで「アクティヴ・ラーニング」(主体的な学び)ということばが教育界のキーワードになっている。先生の言うことをおとなしく座って受動的に覚える学びではなく、子どもが主体的に学ぶことが大事だということだ。これは本書でここまで述べてきた探究エピステモロジーと完全に軌を一にする概念である。ただし、それをどのように実現するかという点では必ずしも一致しないようだ。遊びや学校の学びの中で、子どもが自分で発見することが大事というと、すべてを子どもに任せて放っておくのがいちばんよい、という誤解をされやすい。しかし、それは違う。例えば、幼児にブロックや粘土など特定の機能や目的をもたない玩具をそのまま渡すだけでは、子どもは何をしてよいのかわからず、興味をもつことができずに放り投げてしまうだろう。

遊びを通じて子どもはじつに様々なことを学ぶことができる。象徴能力を育むことはもとより、他者との関わりかた、つまりコミュニケーションの取り方を学ぶこともできる。しかし、子どもは最初から他の子どもと仲良くいっしょに遊べるわけではない。子どもが最初に他者との関わりかたを学べるのは、親子の遊びからである。

子どもが遊びから何を学べるかどうかは親の技量にかかっている。親が主導権を握ってしまい、「教える」つもりになってしまうと、それは子どもにとって遊びではなくなってしまう。

他方、すべてを子どもに任せてしまうと子どもは新しいモノ、目先の目を引くモノに次々と引きつけられて、じっくりと遊びに取り組むことをしないことが多い。親はおもちゃや絵本などの遊びの道具の選択、遊びの環境づくり、そして何よりも、子どもとの関わりかたを考える必要がある。

例えば、絵本を読んだ後で、出てきた単語の意味やストーリーをテストのように問いただしたりすれば、子どもは絵本を楽しめず、本を読んでもらいたくなくなってしまう。うまく質問に答えるために、本に書いてあるキーワードやストーリーを味わうよりも覚えようとする態度を身につけてしまう。

どのような遊び、どのような絵本を選ぶのかは、子どもの発達のレベルによって変わっていく。子どもの発達に合わせ、子どもが最も楽しみ、想像をはたらかせ、探究できる遊びや絵本を選べるかは、親のセンスが最も問われるところだ。細部は決めすぎず、子どもに任せながらも大事な枠組みは親が決めることが大事なのだ。そのために、親は子どもの理解のしかたや楽しみ方を考え、子どもの個性と発達の段階に適した、いっしょにできる遊びを考える探究人でありたい。

知識の深さと広さを得るために

学校での学びも同じだ。幼児期の学びと児童期以降の学びで大きく違うところは、日常生活場面ではなく、学校という文脈で習得しなければならない知識が格段に増えることだろう。国語、算数、理科、社会、英語などの教科ごとに分かれた膨大な量の「知識」を学ぶことになる。できるだけ大量の知識を「教えよう」「教わろう」というエピステモロジーを教える側、教わる側の双方が持っていると、知識の断片(「事実」と考えられていること)をとにかく「覚える」というドネルケバブ・エピステモロジーに必然的に行き着いてしまう。そうならないようにするためには、狭い範囲の分野だけを深掘りすればそれでよいというわけではない。知識に幅がなければ、様々な状況で使える知識がない(足りない)ことになってしまう。知識のシステムを構築するためには広がりと深さのどちらも必要なのだ。

そこで、児童期以降の学びでは時間の使い方がカギになる。いったいどうすれば、好きな学校外の活動の時間も運動する時間も十分な睡眠をとる時間も確保しつつ、知識の広がりと深さを得ることが可能になるのだろうか。それには、子どもが自分自身で学ぶ力を身につけるしかない。そもそも、学校でどれほど幅広くいろいろな分野をカバーしても、技術や求められる知識が短期間にどんどん進化していく現代社会では、必要な知識は自分で身につけ、自分で自分を進化させていくしかない。ドネルケバブ・エピステモロジーでこれからの世界を生きていけないことは明らかだ。

探究エピステモロジーをもち、ずっと学びつづける探究人を育てるために何をするべきか。まず第一に、学校は「知識を覚える場」ではなく、知識を使う練習をし、探究をする場となるべきだ。知識を使う練習とは、持っている知識を様々な分野でどんどん使い、それによって、新しい知識を自分で発見し、得ていくということである。それこそがアクティヴ・ラーニングの本質である。

誤ったスキーマの修正

探究人を育てるために大事なことの第二は、誤ったスキーマの修正だ。本書で何度も述べてきたように、子どもは(大人も)経験に基づいて誤ったスキーマをつくる。スキーマは概念の根幹である。これが誤っていると、それに関して何か新しいことを読んだり聞いたりしても、そのスキーマに合わせる形で理解してしまう。スキーマに合わない情報はそもそも取り込まれない。したがって、誤ったスキーマは学びの障害になるので修正しなければならない。しかし、「間違っている」と指摘して正解を教えても、誤ったスキーマはなかなか修正されない。これまでの自分の理解のしかたが、いま観察している現象と矛盾していることに自分で気がつかなければ、誤ったスキーマは修正されない。

発達心理学でZPDと呼ばれる概念がある。Zone of Proximal Development の略で、若くして亡くなったロシアの心理学者レフ・ヴィゴツキーによって提唱された。日本語では「発達の最近接領域」という。子どもの知識の発達と教育に関して最も大事な概念だ。

子どもが、大人や少し年上の仲間の力を借りて、いまよりも少し発達のレベルの高いところに上っていく。それを助けるのは大人の大事な務めだ。子どもを上から引っ張り上げるのではなく、自分でよじ上っていけるように、環境をつくり、下から少しだけ支える。レベルの設定が現状よりも高すぎても、低すぎてもうまくいかない。現状での子どもの知識を見極め、自分で上って行けるちょうどよいレベル設定をする。子どもの間違いを頭から否定せず、辛抱する。子どもが誤ったスキーマを持っているときにはそれを見極め、子どもが自分のスキーマがおかしいことに気づく状況を設定する。それが教師や親の役割ではなかろうか。

子どもが自分のスキーマが誤っていることに気づき、自分で修正することができたら、その喜びと感動は、テストでよい点を取ってお小遣いをもらう比ではないはずだ。そして、この経験は学びへの意欲につながり、さらに「学び＝教えられたことを覚えること」というドネルケバブ・エピステモロジーからの脱却につながるだろう。

子どもの発達の段階、知識の段階に合わせて、子どもが自分で発見し、自分で進化できるような状況を設定する。これは座学で学べることではない。親も教師も教えることの熟達者でなければならない。そのためには、自分自身が学びつづける探究人になるしか方法はない。

人と一緒に、人を頼らずに

このごろ「協調学習」という言葉もよく耳にする。生徒が机におとなしく座って先生の話を聞くこれまでの授業スタイルから、グループでいっしょに作業したり、ディスカッションしたりするスタイルに変わりつつある。これは認知科学的にとても意味があることだ。まず、自分の考えを他の人に話すことは、考えを明確にし、整理するのにとても役立つ。自分でわかったつもりでいたことでも、いざ人に説明しようとするとうまくできないことがある。すると、自分で何が理解できていないのかがわかるのである。

複数の人が集まって考えを出し合うことで、自分では考えつかなかった視点やアイディアに気づくことができるという利点もある。実際、社会ではほとんどのプロジェクトは複数のメンバーで行う。多様な視点、価値観、知識、スキルがシナジー効果を生む。コラボレーションをうまく行うためには経験が必要だ。だから、学校でコラボレーションによってプロジェクトをまとめる練習をすることはとても大事である。しかし、複数の人が集まれば、いつもプラスになるというわけではない。参加者一人ひとりが探究エピステモロジーを持っていなければ、シナジー効果は生まれない。

大事なことは、一人で考えることをおろそかにしないことだ。第7章で紹介したアンダース・エリクソンは、超一流の熟達者ほど一人での練習に時間をかけるという結果を発表している。世界クラスのチェスプレーヤーたちに、一人で勉強する時間とトーナメントで試合する経験とでは、どちらが大事かを聞いたところ、一人で勉強する時間のほうが大事だという答えが大半だったそうである。

机の前に座って受動的に授業を聴き、覚えることを主としたこれまでの学習スタイルがよいと言っているわけではもちろんない。しかし、自分にしかない知識やスキルと、探究エピステモロジーがなければコラボレーションに貢献できない。他人にはない知識、スキル、考え方を持つには、自分で工夫しながら自分ひとりで学ぶ習慣と学び方を子ども時代に身につけていかなければならない。

人を育てる達人からのことば

探究人を育てるには自分が探究人になるしかない。これは親にも、教師にも、子どもに関わるすべての人——つまり社会に生きるすべての人間——に言えることである。本書をまさに脱稿しようとしていた日、日本のラグビーに奇跡をもたらしたと言われる監督エディ・ジョーンズさんのインタビュー記事を読んだ(二〇一六年二月三日付朝日新聞)。探究人を育てるための真髄が短い記事に凝縮されていた。

エディさんは言っている。

私たち人間は、楽な方に進みがちです。変化することは、いつだって難しいもの。だから、日々の生き方、考え方から変えていけたらと思っています。ほんの3~5%の小さな意識の変化。それが、大きな違いを生むのです。

エディさんは、日本人は従順であるように教育されている、とも言う。その日本人選手をエディさんが極限まで追い込んで変えようとしていたこと。それは選手が「自分で考える」意識をつくることだった。

先ほども述べたように、これはそのまま学校教育の目標にもなる。協調学習をしさえすれば主体性が身につくわけではない。やりかたが悪ければ、むしろ他人任せの学びを助長してしまう。第7章で述べた超一流の達人に共通したことは自分の学びを自分で工夫していることだ。自分の現状を的確に分析し、弱いところ、克服するべき課題が自分でわかり、自分でそのための学びを工夫できる。そのような自律的な学び手になることこそ、学校教育の目標とするべきだ。そしてそれを支援できるように指導者は自分の学びを深めていかなければならない。

おわりに

今、教育界は「受け身の学び」から「主体的な学び」に大きく軸足を移している。それとともに、「これまでの知識偏重の教育を変える」ということをよく耳にするようになった。「知識はもういらない」という過激なことばさえ聞くことがある。そういうことばを聞くたびに非常に違和感を覚え、いったい何を言っているのだろうと思っていた。私にとって「学ぶこと」は「知識を得ること」だからである。

しばらくして「知識」ということばがまったく違う意味で使われていることに気がついた。「知識はいらない」という時、知識は「記憶するべき事実の断片」という意味で使われているようなのである。「主体的な学びが大事」としながらも「知識＝事実の断片」という古い知識観（エピステモロジー）から脱却していない。それであたかも知識が悪いものであるかのように「知識偏重」という言い方がされるのだろう。確かに断片的な「事実」（認知科学的に見れば、それは正確には「知識」とは言えない）をいくら塗り重ね、「知識の断片のドネルケバブ」を膨張させても新しい知識は創造されない。

私自身は子どもがどのように知識を創造していくかということを知りたくて、語彙の習得を中心に研究している。知識は断片的な事実の寄せ集めではなく、システムである。子どもは語彙という巨大な知識のシステムを、そのしくみを発見しながら自分の力で創り上げていく。知識はつねにダイナミックに変化し、生き物のように成長し、今ある知識が新しい知識を創造していく。母語を習得するときには誰もがこのような「生きた知識の学び」をしている。この知識構築・創造の姿こそ、「主体的な学び」の本来の姿であるはずだ。

自分を含め、多くの認知科学の研究者がこれまでの取組みから明らかにしてきたこと――「新しい知識を生む生きた知識」がどのような形で心に存在していて、どのように習得されるのか――を読者と共有したいと思い、本書を執筆した。本書が読者に新しい知識観をもたらし、「よい学びとは何か」を考える契機になってくれればとてもうれしい。

本書は以前に上梓した『新・人が学ぶということ――認知学習論からの視点』と『ことばの発達の謎を解く』などの著書で紹介した研究の多くを材料にしている。執筆に取りかかった時には、材料はあるのだからすぐに書けると思っていた。しかし、実際に書いているとそれまで考えていなかった現象の間のつながりが見えてきて、自分の考えはゆさぶられ、時に拡散しすぎてしまって、遅々として進まなかった。私にとって本書執筆の過程は、すでに持っていた「知識の諸要素」を、自分の研究での新たな発見や認知科学の分野で次々に発表される研究成果との整合性をとるために解釈し直し、自分が持っている知識のシステムの中の諸要素を組みかえて考えを新たに紡いでいく過程、言いかえれば自分の中の知識のシステムを再編成していく過程であった。結局、執筆を始めてから五年以上かかってしまったが、その間辛抱づよく待ち、ダメ出しをつづけながら見放さずに励ましつづけ、最後に原稿を丁寧に整理してくださった岩波新書編集部の永沼浩一さんにお礼を申し上げたい。

執筆に当たり、様々な分野の多くの方々にインスパイアされた。功利のためでなく、自分の技を、あるいは仕事を「よく」していくために、それぞれの道で、職場で、ひたすらひたむきに精進している人たち。毎日の生活の中で、大人に気づかれることなく主体的に学びつづける幼児たち。彼らの姿にずっと励まされながら自分も時に(というより、ほとんどの場合には)思い通りの結果にならない実験をやり直しつづけている。

「一億総活躍社会」というのが最近の政府のキャッチフレーズになっているようだ。リップサービスでなく真剣にその実現を考えるなら、政府・行政サイドには子どもたち一人ひとりが生きがいを見つけ、探究心をもって一生学びつづけられるような教育を実現できる環境をつくってほしい。もちろん、そのためには学校教育にもっともっと予算を使うことが必要だ。しかし、それだけでは足りない。私たち市民一人ひとりが政府や学校に教育の目標や方針を丸投げせず、自分事として考えなければ、探究マインドをもつ子どもは育たない。そのためには、まず、社会全体がドネルケバブ・モデルの知識観から脱却することが必要だ。

最後に慶應義塾大学湘南藤沢キャンパスの今井研究室のメンバー、私の授業を履修してこの問題をいっしょに考えてくれた学生のみなさんや研究の仲間たちに心からの謝意を表したい。慶應義塾大学の梅田聡さん、明治大学の嶋田総太郎さん、理化学研究所の北城圭一さんには第5章の内容について貴重なコメントをいただいた。(内容に誤りがあれば、すべて筆者の責任である。)東京コミュニティースクールの市川力さんとは学びについて深い議論をさせていただいており、それは本書に色濃く反映されている。また、熟達者の認知や達人になるための必要条件について、さまざまなご教示をいただいた羽生善治さんに前文を頂戴するという望外の幸せを得た。認知科学に対する羽生さんのご関心とご理解にもあらためてお礼を申し上げたい。

二〇一六年三月

今井むつみ

参考文献

第1章

Inoue, S. & Matsuzawa, T.(2007). Working memory of numerals in chimpanzees. *Current Biology*, **17**, R1004–R1005.

A. R. ルリヤ(2010).『偉大な記憶力の物語――ある記憶術者の精神生活』天野清訳，岩波現代文庫.

伊藤毅志・松原仁・Grimbergen, R.(2001). 空間的チャンクから因果的チャンクへ. GPW '01 ゲームプログラミングワークショップ.

Nickerson, R. S. & Adams, M. J.(1979). Long-Term memory for a common object. *Cognitive Psychology*, **11**, 287–307.

Miller, G. A.(1956). The magical number seven, plus or minus two: Some limits on our capacity for processing information. *Psychological Review*, **63**, 81–97.

Cook, P. & Wilson, M.(2010). Do young chimpanzees have extraordinary working memory? *Psychonomic Bulletin & Review*, **17**, 599–600.

Bransford, J. D. & Johnson, M. K.(1972). Contextual Prerequisites for Understanding: Some Investigations of Comprehension and Recall. *Journal of Verbal Learning and Verbal Behavior*, **11**, 717–726.

Brewer, W. F. & Tryens, J. C.(1981). Role of schemata in memory for places. *Cognitive Psychology*, **13**, 207–230.

Carmicael, L., Hogan, H. P. & Walter, A. A.(1932). An experimental study of the effect of language on the reproduction of visually perceived form. *Journal of Experimental Psychology*, **15**, 73–86.

エリザベス・ロフタス(1987).『目撃者の証言』西本武彦訳，誠信書房.(原著)Loftus, E.(1979). *Eyewitness Testimony*. Harvard University Press.

第2章

Jusczyk, P. W.(1997). *The discovery of spoken language*. MIT Press.

Werker, J. F. & Tees, R. C.(1984). Cross-language speech perception. Evidence for perceptual reorganization during the first year of life. *Infant Behavior and Development*, **7**, 49–63.

今井むつみ(2013).『ことばの発達の謎を解く』ちくまプリマー新書.

Imai, M. & Haryu, E.(2001). Learning proper nouns and common nouns without clues from syntax. *Child Development*, **72**, 787–803.

Haryu, E. & Imai, M.(2002). Reorganizing the lexicon by learning a new word: Japanese children's interpretation of the meaning of a new word for a familiar artifact. *Child Development*, **73**, 1378–1391.

Saji, N., Asano, M., Oishi, M. & Imai, M.(2015). How do children construct the color lexicon?: Restructuring the domain as a connected system. In Noelle, D. C., Dale, R., Warlaumont, A. S., Yoshimi, J., Matlock, T., Jennings, C. D. & Maglio, P. P.(Eds.). *Proceedings of the 37th Annual Meeting of the Cognitive Science Society*(pp. 2080–2085). Cognitive Science Society.

Saji, N., Imai, M., Saalbach, H., Zhang, Y., Shu, H. & Okada, H.(2011). Word learning does not end at fast-mapping: Evolution of verb meanings through reorganization of an entire semantic domain. *Cognition*, **118**, 45–61.

Wynn, K.(1992). Children's Acquisition of the Number Words and the Counting System. *Cognitive Psychology*, **24**, 220–251.

今井むつみ・佐治伸郎編著(2014).『言語と身体性』(安西祐一郎・今井むつみ・入來篤史・梅田聡・片山容一・亀田達也・開一夫・山岸俊男編集委員「岩波講座コミュニケーションの認知科学」第1巻).

Wierzbicka, A.(2015). Innate conceptual primitives manifested in the languages of the world and in infant cognition. In E. Margolis & S. Laurence (Eds.). *The Conceptual Mind. New directions in the study of concepts*. MIT Press.

第3章

Spelke, E. S.(1990). Principles of object perception. *Cognitive Science*, **14**, 29–56.

Wynn, K.(1992). Addition and subtraction by human infants. *Nature*, **358**, 749–750.

Carey, S.(2009). *Origin of Concepts*. Oxford University Press.

Smith, C., Carey, S. & Wiser, M.(1985). On differentiation: A case study of the development of the concepts of size, weight and density. *Cognition*, **21**, 177–237.

Samarapungavan, A., Vosniadou, S. & Brewer, W. F.(1996). Mental models of the earth, sun and moon: Indian children's cosmologies. *Cognitive Development*, **11**, 491–521.

MacCloskey, M.(1983). Naive theories of motion. In D. Gentner & A. L. Stevens(Eds.). *Mental Models*. Lawarence Erlbaum.

Clement, J.(1982). Students' preconceptions in introductory mechanics. *American Journal of Physics*, **50**, 66–71.

Galilei, G.(1590). *De Motu*. In I. E. Drabkin & S. Drake(tr. & Eds.). Galilelo Galilei: " On Motion" and "On Mechanics". University of Wisconsin Press, 1960.

Nersessian, N. J.(1992). How do scientists think? Capturing the dynamics of conceptual change in science. In R. N. Giere(Ed.). *Cognitive models of Science*, Volume XV, University of Minnesota Press, Studies in the

Philosophy of Science.
Nersessian, N. J.(2008).*Creating scientific concepts*. MIT Press.
今井むつみ(1993). 外国語学習者の語彙学習における問題点——言葉の意味表象の見地から. 教育心理学研究, **41**(3), pp. 243–253.
今井むつみ(2010).『ことばと思考』岩波新書.
今井むつみ・佐治伸郎(2010). 外国語学習研究への認知心理学の貢献——語意と語彙の学習の本質をめぐって(市川伸一編『現代の認知心理学 5 発達と学習』北大路書房).
今井むつみ(2014). 早期英語教育導入の前に考えなければならないこと(子安増生・仲真紀子編著『こころが育つ環境をつくる——発達心理学からの提言』新曜社).
エレン・ビアリストク, ケンジ・ハクタ(2000).『外国語はなぜなかなか身につかないか——第二言語学習の謎を解く』重野純訳, 新曜社. (原著)Bialystok, E. & Hakura, K.(1994). *In other words: The science and psychology of second-language acquisition*. Harper Collins Publishers.
Wason, P. C. & Shapiro, D.(1971). Natural and contrived experience in a reasoning task. *The Quarterly Journal of Experimental Psychology*, **23**, 63–71.
Chi, M. T. H.(1992). Conceptual change within and across ontological categories: Examples from learning and discovery in science. In R. N. Giere & H. Feigl(Eds.). *Minnesota studies in the philosophy of science*(pp. 129–186). University of Minnesota press.

第 4 章

Van Lehn, K. & van de Sande, B.(2009). Acquiring conceptual expertise from modeling: The case of elementary physics. In K. A. Ericsson(Ed.). *Development of professional expertise*. Cambridge University Press.
Simon, D. P. & Simon, H. A.(1978). Individual differences in solving physics problem. In R. S. Siegler(Ed.). *Children's thinking: What develops?* Lawrence Erlbaum Associates.
Ericsson, K. A. & Lehmann, A. C.(1996). Expert and exceptional performance: Evidence on maximal adaptations on task constraints. *Annual Review of Psychology*, **47**, 273–305.
今井むつみ・針生悦子(2014).『言葉をおぼえるしくみ——母語から外国語まで』ちくま学芸文庫.
メアリアン・ウルフ(2008).『プルーストとイカ——読書は脳をどのように変えるのか?』小松淳子訳, インターシフト. (原著)Wolf, M.(2007). *Proust and the squid: the story and science of the reading brain*. Anne Edelstein Literary Agency.
Hodges, N., Starkes, J. L. & MacMahon, C.(2011). Expert Performance in

Sport: A Cognitive Perspective. In K. A. Ericsson, Charness, N., Feltovich, P. J. & Hoffman, R. R. (Eds.). *The Cambridge Handbook of Expertise and Expert Performance*. Cambridge University Press.
Gobet, F. & Charness, F. (2011). Expertise in Chess. In K. A. Ericsoson, Charness, N., Feltovich, P. J. & Hoffman, R. R. (Eds.). *The Cambridge Handbook of Expertise and Expert Performance*. Cambridge University Press.
羽生善治(2011).『大局観——自分と闘って負けない心』角川 one テーマ 21.
Allard, F., Graham, S. & Paarsalu, M. E. (1980). Perception in sport: basketball. *Journal of Sport Psychology*, **2**, 14–21.
Allard, F. & Starkes, J. L. (1991). Motor-skill experts in sports, dance and other domains. In K. A. Ericsson & J. Smith (Eds.). *Toward a general theory of expertise: Prospects and limits* (pp. 126–152). Cambridge University Press.
中野孝次(1992).『本阿弥行状記』河出書房新社.

第5章

Hill, N. M. & Schneider, W. (2011). Brain changes in the development of expertise: Neuroanatomical and neurophysiological evidence about skill-based adaptations. In K. A. Ericsson, Charness, N., Feltovich, P. J. & Hoffman, R. R. (Eds.). *The Cambridge Handbook of Expertise and Expert Performance*. Cambridge University Press.
Blakemore, S. & Frith, U. (2005). *The learning brain*. Brackwell Publishing.
Kuhl, P. K., Conboy, B. T., Padden, D., Nelson, T. & Pruitt, J. (2005). Early speech perception and later language development: Implications for the "critical period." *Language Learning and Development*, **1** (3 & 4), 237–264.
Schneider, P. et al. (2002). Morphology of Heschl's gyrus reflects enhanced activation in the auditory cortex of musicians. *Nature Neuroscience*, **5**, 688–694.
Gaser, C. & Shilaug, G. (2003). Gray matter differences between musicians and nonmusicians. *Annuals of New York Academy of Science*, **999**, 514–517.
Erbert, T. C., Tantev, C., Weinbruch, C., Rockstroh, B. & Taub, E. (1995). Incrased cortical representation of the fingers of the left hand in string players. *Science*, **270**, 305–306.
Schneider, W. & Chein, J. M. (2003). Controlled & automatic processing: Behavior, theory, and biological mechanisms. *Cognitive Science*, **27**, 525–559.
Rizzolatti, G. & Craighero, L. (2004). The mirror-neuron system. *Annual Review of Neuroscience*, **27**, 169–192.

Kilner, J. E. (2011). More than one pathway to action understanding. *Trends in Cognitive Sciences*, August 2011, Vol. 15, No. 8, 352–357.
Calvo-Merino, B., Glaser, D. E., Grèzes, J., Passingham, R. E. & Haggard, P. (2005). Action observation and acquired motor skills: An fMRI study with expert dancers. *Cerbral Cortex*, **15**, 1243–1249.
Wan, X., Nakatani, H., Ueno, K., Asamizuya, T., Chineg, K. & Tanaka, K. (2011). The nueral basis of intuitive best next -move generation in board game experts. *Sicence*, **331**, 341–346.
Nakatani, H. & Yamaguchi, Y. (2014). Quick concurrent responses to global and local cognitive information underlie intuitive understanding in board-game experts. *Scientific Reports*, 4:5894, doi: 10.1038/srep05894.

第6章

島朗(2013).『島研ノート　心の鍛え方』講談社.
杉本鉞子(1994).『武士の娘』大岩美代訳，ちくま文庫.
Kuhn, D. (2008). *Education for Thinking*. Harvard University Press.
Kuhn, D., Cheney, R. & Wienstock, M. (2002). The development of epistemological understanding. *Cognitive Development*, **15**, 309–328.
楠見孝・道田泰司編(2015).『ワードマップ　批判的思考——21世紀を生きぬくリテラシーの基盤』新曜社.

第7章

Ericsson, K. A., Krampe, R. T. & Tesch-Römer, C. (1993). The role of deliberate practice in the acquisition of expert performance. *Psychological Review*, **100**, 363–406.
Ericsson, K. A. & Lehmann, A. C. (1996). Expert and exceptional performance: Evidence on maximal adaptations on task constraints. *Annual Review of Psychology*, **47**, 273–305.
Hutchinson, C. U., Sachs-Ericsson, N. J. & Ericsson, K. A. (2013). Generalizable aspects of the development of expertise in ballet across countries and cultures: a perspective from the expert performance approach. *High Ability Studies*, **24**, 21–47.
Ericsson, K. A. (2014). Why expert performance is special and cannot be extrapolated from studies of performance in the general population: A response to criticisms. *Intelligence*, **45**, 81–103.
Cole, J. R. & Cole, S. (1973). *Social stratification in science*. University of Chicago Press.
Grabner, R. H., Stern, E. & Neubauer, A. C. (2007). Individual differences in chess expertise; A psychometric investigation. *Acta Psychologica*, **124**, 398–420.

Hamilton, W. G., Hamilton, L. H., Marshall, P. & Molnar, M. (1992). A profile of the musculoskeletal characteristics of elite professional ballet dancers. *American Journal of Sports Medicine*, **20**, 267–273.
メアリアン・ウルフ(2008). 『プルーストとイカ――読書は脳をどのように変えるのか？』小松淳子訳, インターシフト. (原著)Wolf, M. (2007). *Proust and the squid: the story and science of the reading brain*. Anne Edelstein Literary Agency.
Winner, E. (1996). The rage to master: the decisive role of talent in the visual arts. In K. A. Ericsson (Ed.). *The road to excellence: The acquisition of expert performance in the arts and science, sports, and games* (pp. 271–301). Erlbaum.
Nersessian, N. J. (2008). *Creating scientific concepts*. MIT Press.
青木満(2009). 『それでも地球は回っている――近代以前の天文学史』ベレ出版.

終　章

Imai M., Saalbach, H. & Stern, E. (2010). Are Chinese and German children taxonomic, thematic or shape biased?: Influence of classifiers and cultural contexts. *Frontiers in Psychology*. 2010; 1: 194. doi: 10.3389/fpsyg.2010.00194.
市川力(2009). 『探究する力――すべての小学生と先生のために』知の探究社.
レフ・ヴィゴツキー(2001). 『思考と言語(新訳版)』柴田義松訳, 新読書社. (原著)Vygotsky, L. (1962). *Thought and language*. MIT Press.
Vygotsky, L. (1978). Mind in Society: The development of higher psychological processes. M. Cole, V. John-Steiner, S. Scribner & E. Souberman (Eds.). Harvard University Press.
ジャン・ピアジェ(1967). 『遊びの心理学』大伴茂訳, 黎明書房. In Jean Piaget, *Play, Dreams and Imitation in Childhood*. Norton, 1962. [*La formation du symbole chez l'enfant; imitation, jeu et reve, image et représentation* (1945)].
キャシー・ハーシュ＝パセック, ロバータ・ミシュニック・ゴリンコフ, ダイアン・アイヤー(2006). 『子どもの「遊び」は魔法の授業』菅靖彦訳, アスペクト. (原著)Hirsh-Pasek, Golinkoff & Eyer (2003). *Einstein never used Flash Cards*. Rodale Books.
Weisberg, D. S., Kittredge, A. K., Hirsh-Pasek, K., Golinkoff, R. M. & Klahr, D. (2015). Guided play: Making play work for education. *Phi Beta Kappa*, **96** (8), 8–13.
Nicolopoulou, A. (1993). Play, cognitive development and the social world: Piaget, Vygotsky, and beyond. *Human Development*, **36**, 1–23.

Bradley, R. (1986). Play materials and intellectual development. In A. Gottfried & C. C. Brown (Eds.). *Play Interactions: The contribution of play material and parental involvement to children's development*. Lexington Books.

Pepler, D. J. & Ross, H. S. (1981). The effects of play on convergent and divergent problems-solving. *Child Development*, **52**, 1202–1210.

Charness, N., Krampe, R. & Mayr, U. (1996). The role of practice and coaching in entrepreneurial skill domains: an international comparison of life-span chess skill acquisition. In K. A. Ericsson (Ed.). *The road to excellence: The acquisition of expert performance in the Arts and Sciences, Sports and Games* (pp. 51–80). Erlbaum.

そのほか，学びに関するおすすめの認知科学の本

内村直之・植田一博・今井むつみ・川合伸幸・嶋田総太郎・橋田浩一(2016).『はじめての認知科学』新曜社(日本認知科学会監修「シリーズ認知科学のススメ」第1巻).

服部雅史・小島治幸・北神慎司(2015).『基礎から学ぶ認知心理学――人間の認識の不思議』有斐閣.

今井むつみ・野島久雄・岡田浩之(2012).『新　人が学ぶということ――認知学習論からの視点』北樹出版.

稲垣佳世子・波多野誼余夫(1989).『人はいかに学ぶか――日常的認知の世界』中公新書.

安西祐一郎(1985).『問題解決の心理学――人間の時代への発想』中公新書.

安西祐一郎(2011).『心と脳――認知科学入門』岩波新書.

鈴木宏昭(2016).『教養としての認知科学』東京大学出版会.